日本教育事務学会年報

第6号

〈特集〉
「働き方改革」と学校事務職員の機能と役割

『日本教育事務学会年報第6号』の刊行に寄せて

藤原文雄（日本教育事務学会会長）

「教育事務に関する研究の発展と情報の交流を図ることを目的とする」（会則第2条）本学会も、6年の歴史を重ねることができました。いよいよ、小学校へ入学というところでしょうか。これまで順調に成長できたことを会員の皆さんとともに喜びたいと思います。

本学会は、「教育事務」が子供など学習者、ひいては社会の幸福の増進につながるという可能性、そして、多様な人の交流と学びの成果の言語化が「教育事務」を豊かにすることを信じる人たちの研究・情報コミュニティーです。

創立記念シンポジウムの中で日渡円会員が述べられた、医者が学会に参加し、新しい知識・技術を持ち帰り、患者を幸せにするように、教育事務関係者が学会に参加して子供が幸せになるような学会でありたいという発言は、まさに本学会の意義を示したものと言えるでしょう。

本学会の「研究の発展と情報の交流」の成果をとりまとめたものが『日本教育事務学会年報』です。これまで充実した年報が刊行されてきたのは、会員の皆さんのご尽力はもとより、亀井浩明会員、堀井啓幸会員、久我直人会員など歴代の年報編集委員長をはじめ編集委員会の皆さん、そして、編集実務を担当してくださっている木村拓会員（学事出版）のおかげです。素材は豊富に持っていても、現実の学校の出来事を言語化し、論文化することには困難が伴います。困難さに寄り添い支援しつつ、編集業務を進めてこられたことに、心より感謝申し上げます。

今回の特集は「『働き方改革』と学校事務職員の機能と役割」です。教育水準の向上と教師の業務負担の軽減を同時に実現しようとする「働き方改革」は、学校事務職員にとって「活用される」、「活躍できる」といった異なった二つの意味を持ちます。こうした両義的な施策をどう分析するか、教育事務研究に問われています。まさに時宜を得た特集と言えるでしょう。

本学会は、本会の運営に当たる理事会、会務の執行に当たる常任理事会の下、年報編集委員会のほか、研究推進委員会、研修委員会、国際交流委員会、特別委員会が置かれています。また、地域総括理事の調整の下、地域担当理事を中心に地区研究集会も開催されています。

これらの活動を調整し、会務を処理するという、学会の「扇のかなめ」とも言えるのが矢吹正徳事務局長率いる事務局です。委員会、事務局いずれにおいても、そもそも多忙を極める方々が、限られた人数と予算にもかかわらず本学会の発展のためご尽力いただいていることに心苦しく思うとともに、感謝の気持ちで一杯です。

昨年12月に浦野東洋一会長、北神正行会長から会長職のバトンタッチを受けました。重責ではございますが、会員の皆さんと仲間として本学会の発展に努める所存です。本年報の刊行を契機に学会が更に発展しますことを期待しています。

はじめに

はじめに

久我直人 (鳴門教育大学、年報編集委員会委員長)

第3期年報編集委員会が発足され、年報第6号を発行することができました。ご執筆いただきました皆様、そして年報編集委員会の皆様に心より感謝申し上げます。

今回の特集は、『「働き方改革」と学校事務職員の機能と役割』と設定しました。平成31年1月25日に中央教育審議会（答申）がなされ、教員の働き方改革の促進が学校の内外から求められています。学校の働き方改革の主要な要素の一つに学校事務の効率化があり、学校事務の主たる担い手である学校事務職員の機能と役割の再確認が求められています。

一方、AI時代の到来を踏まえ、「次世代の学校づくり」も同時に展開されています。不透明な時代を切り拓く子どもたちには、単に知識量だけでなく、習得した知識や技術を活用し、応用するたくましさ（自立）や、異質な他者と協働できるしなやかさ（協働）が求められ、そして、「自立」と「協働」を通して新たなものを生み出す「創造」する資質・能力の育成が求められています（第3期教育振興計画：文部科学省）。子どもたちのたくましく、しなやかな成長を生み出し、同時に教員の働き方改革を進めるために期待される枠組みが「地域連携」です。コミュニティ・スクールや地域学校協働本部等の推進を通して、子ども達の健やかな成長と教員の働き方改革を生み出す地域連携の促進においても学校事務職員の機能と役割が求められて

います。

このような背景を踏まえて、「働き方改革」の在り方や具体的方策等について、研究者の立場から樋口修資会員、学校業務改善アドバイザー（文部科学省）として妹尾昌俊氏、地域連携を進める学校事務職員として大天真由美会員、学校事務職員の立場から中村文夫会員にご執筆いただき、貴重な提案と示唆をいただきました。心より感謝申し上げます。

また、「自由研究論文」「研究ノート」「実践レポート」への投稿もおかげさまで増加傾向になりました。本学会には多くの学校事務職員会員の存在があり、本年報編集委員会の大きな使命の一つに「実践の宝を生かす」ことが指摘されています。この実践の文字化（暗黙知の形式知化）を促すことを目的に「育成型査読」という概念も生み出されてきました。ただ、学会年報としての査読の厳正さと「育成」という教育的アプローチの両面を担保することの難しさも浮かび上がってきています。この課題解決の一つとして、学会大会や地域研究集会の場で「論文の書き方講座」も随時設定してきました。この実践の文字化は容易いことではありませんが、今後も、その内実を生み出すための計画的で見通しをもった取り組みを進めて参ります。

論文等の投稿の起点の一つであります学会発表を含め、会員の皆様のチャレンジをお待ちしています。

『日本教育事務学会年報』第6号・目次

『日本教育事務学会年報第6号』の刊行に寄せて ------------------------------ 藤原文雄　2
はじめに -- 久我直人　3
目次 -- 4

特集◆「働き方改革」と学校事務職員の機能と役割

「働き方改革」と学校事務職員の機能と役割 ---------------------------- 樋口修資　8
教員も事務職員もハッピーになる働き方改革に向けて学校事務職員になにができるか
　　　　　　　　　　　　　　　　　　　　　　　　　　----------------- 妹尾昌俊　12
MIRAIミーティングで学校改革
　　―リソース・マネージャーとしての学校事務職員 ------------------- 大天真由美　16
学校の変容と学校事務4領域 -------------------------------------- 中村文夫　20

第6回大会シンポジウム

学校・教師・子どもの在り方を考える
　　―静岡県教員調査から--- 紅林伸幸　26
「働き方改革」に貢献する事務職員の基本的役割と方向性
　　―事務職員は、「働き方改革」のキーマンである--------------------- 古川　治　28
教員が子どもの指導に専念できる組織運営とチーム学校--------------- 藤原文雄　30

第6回大会研究推進委員会企画「『チーム学校』の実態的発展方策と地域ユニット化への戦略～チーム学校と言われても～（FINAL）」

概要報告 --- 第2期　研究推進委員会　34

国内外の教育事務実践・研究動向

海外における学校事務職員 --------------------------------------- 藤原文雄　44

投稿論文

チーム学校の実現と学校事務職員の職務態様との関連
　　―校長及び学校事務職員対象の質問紙調査から
　　　　　　　　　----------------- 川口有美子・諏訪英広・佐久間邦友　50
県教育委員会として学校事務職員の業務の質の向上につなげる施策はいかにあるべきか
　　　　　　　　　　　　　　　　　------------------------------ 嶋田真一　63

『日本教育事務学会年報』第6号・目次

書評・図書紹介

日本教育事務学会研究推進委員会　編
『チーム学校の発展方策と地域ユニット化への戦略』-------------------- 田中　謙　68

藤原文雄　著
『スクールリーダーのための教育政策入門—知っておきたい教育政策の潮流と基礎知識』
-- 大道正信　70

現代学校事務研究会　編／川崎雅和　著
『Q&Aでよくわかる　学校事故の防止と安全・防災対策の進め方』--------- 吉村由巳　72

藤原文雄　編著
『「学校における働き方改革」の先進事例と改革モデルの提案—学校・教師の業務／教育課程
の実施体制／生徒指導実施体制／学校運営・事務体制』-------------------- 酒井竜二　74

浜田博文　編著
『学校経営』--- 高木　亮　76

会務報告　他

会務報告 -- 藤原文雄・矢吹正徳　80
第6回大会報告 -- 堀井啓幸　85
第6回研究集会報告 -------------------------------------- 川口有美子　86
会則 --- 88
役員選出規程 --- 90
年報編集委員会規程 --- 91
研究推進委員会規程 --- 92
Webサイト管理規程 -- 93
褒賞規程 --- 94

編集後記 --- 95

特集◆「働き方改革」と学校事務職員の機能と役割

| 特集 | 「働き方改革」と学校事務職員の機能と役割 |

「働き方改革」と 学校事務職員の機能と役割

A study of the function and role of school administrative personnel
in relation to the reforms of teachers' working conditions

樋口修資 (明星大学)

はじめに

　今日、社会全体において、長時間労働に依存した企業文化や職場風土の抜本的な見直しを図り、長時間労働を是正し、ワーク・ライフ・バランスの実現を図る「働き方改革」を推し進めることが重要な政策課題となっている。学校教育の現場においても、学習指導・生徒指導をはじめ学校の業務が複雑化・増大化する中で、教員が長時間にわたる勤務を強いられ、しかも不払いの時間外労働を余儀なくされ、疲弊している現状を直視すると、教員の多忙化の解消は、学校教育上解決すべき最重要な課題となっている。教員の多忙化が常態化する中で、教員の勤務環境の抜本的改善を図ることなくして、子どもたちに豊かな学びを保障することはできない。今や、教員の働き方改革は待ったなしの状況にある。

　教員の長時間労働を縮減するためには、民間の勤労者と同様に、公立学校教員にも、時間外労働に上限規制を設定し、実効性ある長時間労働の規制をすることが不可欠である。国においても、「学校における働き方改革」が大きな政策課題となる中で、2017年7月には中央教育審議会に「学校における働き方改革特別部会」が設置され、精力的な審議の結果、2019年1月には、中教審から「新しい時代の教育に向けた持続可能な学校指導・運営体制の構築のための学校に

おける働き方改革に関する総合的な方策について」答申が提出された。

　そこで、本論稿では、学校における働き方改革に求められるものとは何かを明らかにしつつ、今回の中教審答申における改革提言の課題や問題点を検証した上で、学校における働き方改革において果たすべき事務職員の機能と役割はどうあるべきかを考察することとしたい。

1. 働き方改革に求められるもの

　教員の長時間労働を縮減し、ワーク・ライフ・バランスを実現するためには、教員の勤務時間に対する意識改革という「精神主義」に依拠するのではなく、教員の勤務環境の抜本的改善を図ることこそが求められる。

　そのためには、第1に、学校の役割の明確化と教員の職務の大胆な削減・見直しを図ること、第2に、教員の受持ち授業時数の削減を図るなど教職員定数の改善充実を図ること、第3に、教員の業務負担軽減のために事務職員の配置拡充や共同学校事務室の設置促進はじめ学習支援員、部活動指導員、スクールカウンセラー、スクールソーシャルワーカーなどの外部支援スタッフの配置を拡充すること、などの教育条件整備の方策を総合的に推進することが不可欠である。これらに加えて、教員の長時間労働の増大化・常態化に対し、何ら「歯止め」の機能を

果たしていない「給特法」を抜本的に見直すことが急務といえよう。

(1) 学校の役割の明確化と教員の職務の大胆な削減・見直し

学校教育に対する過度な期待や学校教育が抱える課題の一層の複雑化・多様化が進む中で、学校の管理運営や外部対応に関わる業務が増大しており、結果として教員に子どもたちの指導に専念できない状況が拡がっていることから、学校と地域・家庭との役割分担を明確にし、学校が本来担うべき教育活動に専念できるように見直す必要がある。

また、教員が、勤務時間内に到底処理できない膨大な業務負担を強いられていることから、教員が教育指導などの本来的職務に専念できるよう、教員が担うべき業務範囲を明確化する必要があり、事務職員について教育委員会が定める「職務標準表」に倣い、教員の職務範囲を確定する「教員職務標準表」の作成を検討する必要がある。なお、「チーム学校」答申（2016）で指摘されているように、「学校運営事務」、「学校図書館業務」、「学校ICT化業務」、「子供の心理的サポート、家庭環境の福祉的ケア」、「土曜日の活動支援」等の業務は、他職種に移行すべきである。特に学校給食費などの「学校徴収金業務」から教員を解放するため、公会計化を推進する必要がある。

(2) 教職員定数の改善

教員の勤務は、近年、ますますその職務範囲が複雑・多様化し、拡大してきている。8時間労働制の下では、授業負担が大きい中で、効果的な授業準備のための授業研究や教材研究の時間確保ができず、教員がその本来的な職務を十分こなせない状況に陥っており、時間外勤務の慢性化の状況が拡がっている。

このため、教員の時間外勤務の縮減のためには、義務標準法における教員配置基準の改善を行い、週平均の担任授業時数が少なくとも18時間程度に改善されるよう、定数の改善を図るべきである。

(3) 外部専門スタッフの配置拡充

今後の学校運営においては、教職協働の「チーム学校」の実現が求められている。これまで教員もかかわってきた事務的業務を責任をもって円滑に執行し、校長の学校運営を支援する体制を整備するためには、事務職員の配置拡充や共同学校事務室の設置促進が必須である。また、教員の多忙化縮減のためには、教員の本来的業務以外の業務を担う外部支援スタッフの配置拡充が必要である。これからの学校は、教員や事務職員を中心に、多様な専門性を持ったスタッフが連携・協働して運営する体制の構築が不可欠である。

(4) 給特法の抜本的見直し

給特法の下にあって、①校長は、超勤4項目以外は、教員に時間外勤務を命じられないこと、②教員の時間外勤務は、あくまでも「自発性、創造性に基づく勤務」であり、時間外勤務とみなされないこと、③教員については、時間外勤務に対する手当支給の措置が講じられていないことから、校長は、教員の出退勤時刻を把握・管理する意識が乏しく、校長のタイム・マネジメントは実質的に機能不全に陥っている。

学校経営においては、最大の人的資産である教員の適正な勤務時間管理と勤務環境の整備を図り、教員が安んじて子どもたちへの教育指導に専念できる持続可能性ある指導・運営体制を構築することにより、学校の質的向上を図ることができる。校長のタイム・マネジメントは、学校経営の要諦であるといえよう。

教員の長時間労働を事実上容認している給特法については、教員の時間外勤務の業務範囲を明確化するなど「超勤4項目」を抜本的に見直した上で、時間外勤務等について罰則付きの残業時間の上限規制を導入すべきである。また、教員にも一般の労働者と同様、労働基準法に則った勤務時間管理を適正に行い、時間外労働に対しては、労基法第37条に基づく時間外勤務手当等を支給すべきである。時間外勤務に対するペナルティーとしての割増賃金を支払う方法に

より、不払いの長時間労働をやめさせ、時間外労働を縮減することが期待される。こうした観点から、速やかに、給特法の見直しを行うべきである。

2. 中教審答申の改革提言の課題と問題点

今回の中教審答申では、①学校及び教師が担う業務の明確化・適正化、②勤務時間管理の徹底、③勤務時間制度の改革を中心に、働き方改革の提言が行われている。

第1に、「学校及び教師が担う業務の明確化・適正化」の提言についてみると、答申では、これまで学校・教師が担ってきた代表的な業務（14種）の在り方を大胆に業務仕分けし、学校と教師の業務負担の軽減を図ろうとしている。しかしながら、「基本的には学校以外が担うべき業務」、「学校の業務だが、必ずしも教師が担う必要のない業務」、「教師の業務だが、負担軽減が可能な業務」の3つに分類・整理するとしても、法令や制度的慣行等により学校が遂行すべき業務として捉えられてきたものが山積する中で、個々の学校の判断と取組に委ねているだけでは、業務削減の実効性は上がらない。また、今後、教師が本来担うべき業務に専念できるよう、「教員職務標準表」を策定することが不可欠であるが、これまで教師が担ってきた業務を他職種の職員に移行するとすれば、業務負担を転嫁することとなる。他職種職員の負担軽減のためにも、これら職員の配置拡充が切に求められている。「チーム学校」の名の下に、教員の業務負担軽減が、他職種職員の業務負担を増大させることとなってはならない。

第2に、「勤務時間管理の徹底」の提言についてみると、答申では、教員の長時間勤務の解消に向けた勤務時間制度の改革方策として、1）時間外勤務の上限の目安として「月45時間、年360時間を超えないようにすること」を内容とする「勤務時間の上限に関するガイドライン」を提言している。

この「ガイドライン」において超勤4項目以外の「自発的勤務」についても、「在校等時間」として勤務時間管理の対象として明確化した点は、教員の過労死事案の公務災害認定の容易化にも資するなど一定程度評価できる。しかし、「ガイドライン」は、時間外勤務の上限の「目安」を示すだけで、上限規制の実効性に乏しい。教員にとって勤務時間内に到底処理できない膨大な業務の大胆な削減が図られない限り、教員は依然として業務を処理するため限度基準を超えて勤務せざるを得ないことは明らかである。その場合、勤務時間の虚偽申告が増大する恐れもあり、時間外勤務の「ブラックボックス化」を招きかねない。また、「持ち帰り残業」も増大するおそれがある。教員の長時間勤務の実態は何ら改善されないところか、潜在的な時間外勤務の時間が増加する点で、より問題は深刻化する。これらの問題が生じないよう、いかに実効性を担保するかが問われている。

第3に、「勤務時間制度の改革」の提言についてみると、答申では、給特法の基本的な枠組みを維持するとして、問題解決を先送りしているばかりか、「1年単位の変形労働時間制」の導入を提言している。小学校で3割超、中学校で5割超の教員が、過労死ラインとされる月80時間以上の時間外勤務を強いられている中で、こうした実態を改善しないまま、この制度を導入すれば、教員の長時間労働を固定化・恒常化するおそれが強い。繁忙対応型の変形労働時間制は繁忙期の業務負担が大きく、肉体的にも精神的にも疲労が深くなり、かえって教員の命と健康を脅かし、教員の生活設計にも深刻な影響を及ぼしかねない。教員の恒常的な時間外労働の実態が是正されない限り制度導入は前提条件を欠くものである。

3. 働き方改革における事務職員の機能と役割

働き方改革を実現するためには、教職員の勤務環境改善のための条件整備のほか、給特法の抜本的な見直しが不可欠であるが、他方、個々の学校においては、働き方改革を進めるため、

事務職員の果たすべき機能と役割は、重要となっている。

事務職員については、すでに学校教育法の改正（平成29年3月）により、その職務規定が見直され、従前の「事務に従事する」から「事務をつかさどる」職員として位置付けられた。法改正を受けた文科次官通知（平成29年3月31日付け）では、事務職員は、「学校組織における唯一の総務・財務等に通じる専門職である」とされ、事務職員が「その専門性を生かして、学校の事務を一定の責任をもって自己の担任事項として処理することとし、より主体的・積極的に校務運営に参画すること」が求められているのである。本通知では、教員の業務負担にとどまらず、校長、教頭等の負担が増加する中で、学校におけるマネジメント機能を事務職員が発揮できるようにすることをねらいとしている。

学校における働き方改革の推進に当たっては、事務職員の校務運営への参画を一層拡大し、事務職員の学校運営事務に関する専門性を生かして、校長、教頭等のマネジメントを補佐することにより、これら管理職の負担を軽減するだけでなく、教員の業務負担の適正化・効率化に資する。

たとえば、教員の長時間勤務の背景には、これまで適切な勤務時間管理の把握が行われてこなかったことがある。しかし、今後はタイムカード、ICカードなど適切な方法に基づき勤務時間の的確な把握が行われることにより、働きすぎ傾向のある教員について、校務分掌の見直し等の教職員間の業務の平準化や、医師による面接指導など労働安全衛生の確保が可能となる。このような業務については、校長等の管理職を補佐する事務職員が果たすべき役割が大きい。

また、教員は、児童生徒への教育指導以外の様々な業務を担い、その職務負担は重いものとなっているが、「子供のため」であればどんな職務負担も厭わないという意識にとらわれていることも事実である。このような状況の中で、事務職員は、学校運営全体を俯瞰しながら、学校と教員が担う業務の仕分けを、学校運営事務に関する専門性を生かして、校長を補佐しつつ業務の削減や整理を行うことができる。学校における働き方改革を進めるためにも、事務職員が、このような機能と役割を積極的に果たしていくことが求められている。

さらに、事務職員は、就学援助業務や学校徴収金の執行計画づくりあるいは学校行事の事前準備など教育活動支援に関する業務等を担うとともに、学校地域間連携や外部支援スタッフとの連絡調整などの業務を担うことを通じて、教員の業務負担を縮減することができる。また、「統合型校務支援システム」の導入や学校給食費の「公会計化」により、教員が関わる業務の効率化や外部化を推進するなどの取組にイニシアティブを発揮する役割も求められる。また、これまで管理職が担ってきた学校評価の企画や結果分析に基づく改善方策の検討、学校評議員や学校運営協議会等の運営あるいは学校教育目標や年度ごとの重点取組内容等を踏まえた学校予算の編成や執行計画の作成などについても、今後一層事務職員が大きな役割を担うことで、学校事務の機能強化が図られ、学校教育の向上につながることになる。結果として、校長・教頭などの管理職や教諭などの業務負担の軽減に資することとなることが大いに期待される。

〈引用・参考文献〉
○樋口修資編著（2018）『学校をブラックから解放する』学事出版
○藤原文雄編著（2017）『事務職員の職務が「従事する」から「つかさどる」へ』学事出版

| 特集 | 「働き方改革」と学校事務職員の機能と役割 |

教員も事務職員もハッピーになる働き方改革に向けて 学校事務職員になにができるか

What school business managers can do to make teachers and themselves happy, thus enhancing work-style reforms

妹尾昌俊（教育研究家、学校業務改善アドバイザー）

1．働き方改革なんてお断り！？

(1)　学校事務職員のホンネと向き合う

　とある学校事務職員（以下、事務職員）の声を紹介したい。

　「なんで教員の多忙改善に、事務職員のわたしが付き合わないといけないんですか？」
　「教員の仕事を事務職員が肩代わりしないといけない、なんて、お断りです！」

　こうした意見、感触をもつ人は、一人や二人ではないと思う。読者の気持ちとしても、共感する部分もあるのではないだろうか。
　わたしも関わった中央教育審議会（中教審）での議論でも、教員の負担軽減の話が大半を占めた。また、一部の業務は教員でなくてもできることとして、事務職員の参画を提案しているものもある。自治体によっては、「学校の」ではなく、「教員の」働き方改革と呼んでいるところもいくつかある。
　加えて、ここ数年は「チーム学校」や「学校と地域との協働」のかけ声のもと、学校に多様な職や住民等が関わるようになったが、その結果、副校長・教頭（以下、教頭）や事務職員の負担は増えている。
　こうしたなか、冒頭で紹介したホンネを事務職員がもっても自然なことのように思う。

　だが、ちょっと待ってほしい。だからといって、事務職員は学校の働き方改革にそっぽを向いていいのだろうか。

(2)　「つかさどる」と言われても

　同じような話が「事務をつかさどる」職になったことにも言える。
　法令上の規定が変わったことは、大きな前進かもしれない。だが、実際のところはどうだろうか。わたしが研修会などで尋ねると、「何か具体的に変化を実感した」という事務職員は少ないし、「つかどるになったからといって、体よく仕事を押しつけられたのではたまらない」、そんな声も聞く。

2．無関心ではいられない理由

　冒頭の声に戻ろう。学校の多忙は、事務職員には関係のない話だろうか。
　そんなことはない、とわたしは考える。理由は少なくとも2つある。
　第一に、この問題は、職場の同僚の命が関わっている。事実として教員の過労死は多発している（参考文献など参照）。わたしが知る限り、最も若いケースでは26歳の先生が亡くなっているし、新採教員等の過労自殺も起きている。
　過労死等となると、本人や家族が不幸なことは想像できるが、子どもたちにも影響が出るし、学校事務職員としても悲しいことであろ

う。

　わたしの価値観を押しつけたいわけではないが、「職場の仲間を救いたい」「献身的な先生が倒れる、亡くなるような職場にはしたくない」と感じる人も多いのではないだろうか。

　第二に、学校の多忙に、事務職員が関わりをもっている部分は少なくない。

　例えば、部活動手当について、卒なく事務処理することだけが事務職員の仕事だろうか。

　労働基準法では、4週のうち4日以上は休みを与えるよう定めている（第35条）。だが、部活動等があれば、休めていない人も多い。手当の手続きなどを通じて「この先生は4週4休取れていない」という事実を、事務職員なら認識できるはずだ。

　もちろん、服務監督権者は設置者の教育委員会と校長であり、彼らの責任のほうが重い。だが、事務職員も無関心でいてよい問題ではないと思う。

　また、事務職員であれば、公務災害（国立・私立学校の場合は労災）の手続きや、日本スポーツ振興センターの災害共済給付に関する事務に関わったことがある方もいるだろう。であれば、学校のなかでどのような事故等に気をつけないといけないのか、自分の学校にはどのようなリスクがあるのかなどを考えて、職場の中で発信、共有することができそうだ。

　これも、校長や教頭が頑張らないといけないことでもあるが、事務職員も貢献できる領域と言える。事故等の予防や早期の対策が進めば、トラブルの事後処理等で多大な時間を費やすことも減る。

　「つかさどる」についても、あまり抽象的に、難しく考え過ぎないで、上記のように具体的に、身近なところでできることを考え、行動していったほうが生産的だと思う。

　つまり、上記二点で確認したいのは、学校の多忙の問題と事務職員の仕事との間には、関わりがかなりある、ということだ。

3. 業務分担の見直しは必要だが、右から左へ仕事をスライドさせるのが業務改善か？

　次に、冒頭に紹介した声の二点目、教員の仕事の肩代わりなのか、について考える。

　わたしなら、半分Yes、半分Noと答える。煮えきれない回答かもしれないが。

　学校種やその学校の状況、経緯等にもよるが、学校の抱える業務は多岐にわたり、かつ大量である。そのため、多くの教員も事務職員も多忙になっている。

　学校の働き方改革や業務改善では、これまで学校がやってきて当たり前だったことを見つめ直して、学校の守備範囲や業務量を減らしていこうとしている。例えば、登下校中の見守り活動や給食費未納の督促を学校ではやらないといったこと、また、部活動や行事の一部を精選していくことなどだ。

　その上で、業務の分担にもメスを入れていく必要がある。

　「学校事務職員だってヒマじゃない」というのは、多くの場合その通りだが、学校の仕事のうち、事務職員がもっと担ったほうがよいものや活躍できるものがあるのも、確かであろう。例えば、教頭にとって負担の重い調査等や外部機関との連絡・調整について、一部を事務職員が担うことは考えられる。

　教頭よりも、表計算ソフトの扱いやデータ処理が得意な事務職員もいるし、外部との調整が得意な人もいる。適材適所であるが、教頭には職員育成など別のことにも時間を割いてもらわないといけない以上、校務分掌や校内のマネジメントとして、事務職員にもっとここも担ってほしい、という話が出るのは自然なことだ。

　しかし、単に教頭等の業務の一部を事務職員にスライドさせたらよい、事務職員の超過勤務が増えてもやむを得ない、という話でもない、と思う。誰かの大きな犠牲の上に成り立つようでは、妥当なものとは言い難いし、持続可能と

も思えない。

学校の働き方改革について、横浜市のプランの副題は「先生のHappyが子どもの笑顔をつくる」である。その通りだと思うが、教員にとっても事務職員にとっても、ハッピーになる業務改善を探りたい。

4. 事務職員の仕事を仕分けて、負担軽減を考える、進める

教員の仕事も、事務職員の仕事も、「ビルド＆ビルド」な発想では、限界がある。人間は機械ではないのだから、いつまでも疲れず働けるわけではない。時間も人のエネルギーも有限だ。

であれば、「事務職員にはもっとこういう業務を担ってほしい」、あるいは「事務職員として、こういう業務をやってみたい、挑戦したい」というなら、事務職員自身の仕事も一部は減らしていく、やめていく必要があるだろう。「スクラップ＆ビルド」である。

つまり、事務職員の仕事も仕分けをしていく。一例として、わたしが中教審（働き方改革特別部会2018年4月25日）でも提案したのは、次ページの図の分類だ。

横軸は、定型的かどうか。定型的とは日々のルーティーンや年間スケジュールなどで、ある程度やることが決まっているもの、また誰が行っても基本的には同じように処理していく業務を指す。

縦軸は、複数学校や全市区町村（場合によっては全県）的な対応が可能か、それとも、学校ごとの特色や事情に応じた対応が必要な業務かである。複数学校でまとめてやってしまったほうが効率的、効果的なのか、それとも各校ごとの判断や裁量を重視したほうがよいのかという意味でもある。

図では業務例をリストアップしているが、イメージアップのためであり、実際はこれらの中間的なものや分類が難しい性格のものもある。

右上に位置する、定型的で複数校で対応可能

なものは、各校での事務はなるべく引き上げて、集中処理を進めていくべきだろう。給与や手当の事務は、県庁や市役所では、総務事務センターなどで集中処理していたり、包括的にアウトソーシングしたりする例もある。例えば、通勤手当の認定について、学校だからといって特別扱いする理由はない、とわたしは思う。ITを活用しやすい領域でもある。実際、政令市のなかには、県費事務の政令市移管に伴い、集中処理を進める動きもある。いわゆる県費事務の多くを各校から切り離せるとなると、各校の事務職員の時間は相当生み出せるはずだ。

文書受付も、教育委員会発出の文書が多いのだから、その教委単位で、学校へ連絡を入れた文書の一覧表やファイルを共有フォルダ上で学校と共有していくなど、自治体単位で工夫はできるはずだ。

対照的に、図の左下に位置する、非定型でかつ、個別の学校事情がある業務は、各校の事務職員が頑張っていく領域だ。例えば、調査もので各校の実情に応じて回答する必要があるものは、集中処理というわけにはいかない。就学援助なども、事務作業は集中処理でよいが、相談については個々の学校へのほうが保護者にとってはよいかもしれない（市教委等で行うという手もあるが）。奨学金関連は、高校では進路指導の担当という例が多いと聞くが、保護者の経済的な事情に詳しい各校の事務職員がもっと関われるのではないか。

ただし、各校の事務を通じて、その自治体単位などで足並みを揃えて取り組んだほうがよいものもある。これが図中の左上だ。例えば、学校徴収金として何を集めるべきか、あるいはなくせるのか、私費・公費の分類をどう考えるかは、ある程度、自治体で揃えていくべきことだろう。また、左下の業務を各校の事務職員が担っていくとしても、経験の浅い人には難しい部分もある。そこを支えていくのは、共同学校事務室などの機能であり、左上にプロットしている。

5．周辺校も巻き込んだ業務改善役に

「県費事務の多くなど定型的な業務を各校から引き上げるとなると、事務職員の削減にもつながりかねない」、こういう心配はよく聞く。その可能性は否定できないが、左下や右下の業務について各校の事務職員の役割が大きいなら、各校配置も残るのではないか。

時代の変化に応じて、自分の仕事が変わっていくのは世の常だ。いまの50代後半の方あたりなら、新採のときはソロバンや電卓のスキルが重要だったはずだが、いまの仕事でソロバンを使う事務職員は稀だろう。

また、教頭への支援にとどまらず、事務職員は学校全体の働き方改革、業務改善に貢献していける。休日の確保や事故防止などは前述したが、ほかにも、教員とは違った視点から、学校の当たり前を見つめ直すことを期待したい。

例えば、卒業式の準備、練習に毎年何時間もかけている学校がある。本当にそこまで必要なのか。子どもたちの主体性を横に置いて、規律正しく、教員の言われたとおりに式を進めることに一生懸命でいいのか。そんな問題提起を事務職員からしてもよいと思う。

また、学校予算のうち印刷・消耗品費が占める額は相当なものだろう。会議や保護者への連絡などのペーパーレス化を図ることは、業務改善にもつながるし、財務マネジメントでもある。

授業もたまに観に行ってほしい。IT機器があれば、もっと便利になる（教員の負担減になる）、あるいは教育上効果的なものもあるかもしれない。事務職員として予算化を検討してはどうか。

そして、この書類や事務が面倒だなといったことなど、ひとつの学校で業務改善が必要な問題は、多くの場合、他校にも言えることだ。共同学校事務室や教育委員会との連携を通じて、事務職員（とりわけ事務長クラス）は、周辺校にも業務改善を波及、推進させることができる。

どうだろう？　事務職員の役割、仕事が今よりもおもしろく思えてきたのではないだろうか。ぜひ自身の仕事を仕分けして、真に何に注力していくか、捉えなおしてほしい。

〈参考文献〉
○妹尾昌俊『学校事務"プロフェッショナル"の仕事術』学事出版、2019年
○妹尾昌俊『こうすれば、学校は変わる！「忙しいのは当たり前」への挑戦』教育開発研究所、2019年

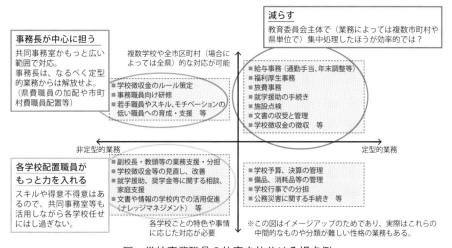

図　学校事務職員の仕事を仕分ける視点例

| 特集 | 「働き方改革」と学校事務職員の機能と役割 |

MIRAIミーティングで学校改革
―リソース・マネージャーとしての学校事務職員

School reform based on the MIRAI meeting:
A member of the school administrative staff as a manager of educational resources

大天真由美 (美咲町立加美小学校)

1. はじめに

　加美小学校は、2018年度から、梶並裕子校長のリーダーシップのもと、3年間の改革ストーリーを描き、授業改善や働き方のイノベーションを起こしている。ここ10年来の教職員の努力が実をむすび、落ち着く環境を整えることで、児童が意欲的に活動する姿がみられるようになった。ここからさらに学校教育目標の実現へと迫るため、次のステップに踏み出そうとしている。このことを、今まで本校に勤務してきたすべての教職員と共に喜びたいと思う。その中で、事務職員の立場でこの改革にかかわってきたことに触れたい。

2. 校長のリーダーシップと改革ストーリー

　本校の学校改革は、2018年7月、校長が主宰した、職員自由参加の「加美MIRAIミーティング」から始まった。校長は年度当初から、学校教職員の教育への姿勢を問い、児童に対しては、「北風と太陽」を例に、厳しさよりありのままの子どもを応援することで、自己肯定感の醸成を最優先とする方針を打ち出した。これから進める学校改革の意義を全職員に徹底したうえで、本校の学校教育目標を「ふるさとに学び　未来に向かって　かがやく　子どもの育成」とし、めざす児童像として「幸せを創り出す力を子どもたちに」という言葉を、職員とともに導

き出した。そして2020年度から始まるコミュニティ・スクール（以下「CS」という。）の基盤ととらえた保護者や地域との「MIRAIミーティング」も開催され、本校の取組に賛同を得た。

　学校改革推進のため校務分掌は、「MIRAI楽力部」、「幸せ人間力部」、「元気生活力部」、「リソース・マネジメント部」の4部に再編成された。その中で、事務職員はリソース・マネジメント部のマネージャーとして、他の3部のマネージャーとともに、授業や教育課程など学校改革に関わる。学校教育目標の実現に向けて、各部が提案する改革案を把握し、リソース面（ヒト・モノ・カネ・情報・時間）での課題を可視化、共有し、あらゆる環境を整えていくことで、本校の学校改革が進み、未来につながると考えている。

　リソース・マネジメント部の描く3年後の学校像は、「誰もがいきたくなる学校」である。これを実現するために、現状把握と分析をし、3年間の重点目標を立て、改革を進めていこうとしている。合わせて職員にとっての働きがいと働き方改革も検討していく。

3. 学校改革における事務職員の位置づけ

　2015年、中教審「チームとしての学校の在り方と今後の改善方策について（答申）」の中で、課題解決の方策として、「学校の組織運営体制

の見直し」「事務職員の機能強化」、「学校事務・業務の共同実施」などの提案がなされた。

2017年4月、事務職員の職務内容は、学校事務に「従事する」から、「つかさどる」に変更された。学校の基幹職員として主体性をもって学校経営に積極的に参画する動きにつながっている。

また、岡山県では、2018年3月に市町村立小中学校、特別支援学校の事務職員の標準的職務内容が通知された。学校事務の全ての領域において、事務職員が総括する内容を示している。マネジメントする職務領域として、校務運営に関する業務には、「学校運営」、「地域連携」、「教育課程・学校評価」、「危機管理」等が含まれている。

これを受け、本校では校長が、2018年4月当初の職員会議で、教職員全員にこの改正を説明し、事務職員は学校改革になくてはならない職であると話した。

4．学校改革の意志決定の場（学校運営会議）における事務職員の役割

本校での学校改革の基盤は、校内の学校運営委員会にある。学校運営委員会のメンバーは、管理職と教務主任、事務職員、研究主任、保健主事、養護教諭の7名で構成されている。今年度をカリキュラムも組織も改革の正念場ととらえた校長の経営方針にそって、授業改善をどう進めていくか、地域とともにある学校をどう実現していくかなど、学校としての方針や活動の詳細など、意思決定に関わるほぼすべての事柄について協議をしている。学校運営委員会での協議を経た事項に基づいた各事業であり、活動であるため、校内の各組織、担当がそれぞれ明確な目的と責任をもって業務を行うことができる。

学校運営委員会に事務職員が参画する意義は、把握している情報量が多いことや、個人や諸団体等との広域で深いつながりにあると考えている。特に財務に関しては、事業の確実な実施を保証するものであり、公費予算に限らず、各種の補助金事業、PTA予算、保護者集金に至るまで把握しており、効果的な運営を担っているところにある。

共同学校事務室としても中学校区の情報や、行政区全体の情報も細やかに共有していることから、より広域な人材情報等も自校に生かしていくことを期待されている。

また、本校では地域連携窓口の担当でもあるため、地域の人材やNPO法人、企業など様々な団体ともつながりがある。これらの情報は教育活動を組み立て、実施していくうえでは、不可欠なリソースとなる。また、教員とは異なる行政職としての観点で、課題への対応策を考えることができる。学校全体を俯瞰し、あらゆる可能性やリスクを踏まえながら、教職員とともに対策を練り、学校を創っていく仕組み作りを着実に推進していく役割を事務職員が担っている。

5．地域学校協働活動推進における事務職員の役割

現在、岡山県では「新晴れの国生き活きプラン」の中で、学校と地域との連携協働が謳われている。2012年4月から、岡山県の教育施策「第3次夢づくりプラン」により、県内すべての小・中・高・特別支援学校では「地域連携担当」を校務分掌上に置くこととなっている。

本校での地域連携担当は、教務主任と事務職員の2名である。教務主任が校内の要望等をとりまとめ、事務職員が学校側の窓口として渉外を担当している。事務職員が担当することにより、予算や情報などの学校事務業務の掌握とともに、授業時間にとらわれないフレキシブルな連携が可能になった。また、行政や地域の組織等との日常的なつながりが深いことなど、事務職員としての強みを活かした動きができている。

ここでは、本校で、社会に開かれた教育課程を実施していくための事業として、地域の力を

生かした「地域学校協働活動」の中で、「地域連携担当」としての取組をいくつか紹介してみる。

(1) 事例1 消防団とのコラボ授業

「消防団と消防署の違いはなんだろう」。そんな児童のつぶやきを逃さなかった教員がいる。4年生の社会科単元：【安全なくらしを守る】授業での、何気ない児童の疑問を探求へと深めるため、地域の力をお借りする特設授業をリソース・マネジメント部から提案した。

事務職員は、地域連携担当窓口の一人として、役場担当者を通じて地域の消防団に授業協力を依頼した。また、授業前に、担任と消防団員の方と授業のねらいや具体的な活動について打ち合わせを行った。2年目となる今年は担任も行政側の窓口も今年から担当が変わっている中で、昨年度までの流れや動きを掌握している事務職員が打ち合わせに同席していることで、当日の活動をイメージでき、スムーズな打ち合わせとなった。

当日の授業では、消防団員として地域の顔見知りのおじさんたちやお父さん、家族が来てくださった。消防署のように職業として従事することとは違った、地域の力、自分たちの力で火災や災害から人の命、財産を守り、ふるさとを守ることの大切さを学んだ。加美地域の、女性消防団組織についても学んだ。児童の授業後の感想では、「自分たちは地域の方に守られていると思った」「大人になったら、消防団に入って活動したい」「女性隊員のように、救急・広報活動でしっかり役に立ちたい」など、感謝や地域貢献の思いがあふれていた。

(2) 事例2 外部講師を招いた体育授業の充実

本校では、美咲町や岡山県の様々な補助事業を活用して、授業の充実を図っている。そのひとつに、外部指導者による体育授業がある。体育は実技が伴うため模範演技が難しいなどの理由で、指導に不安を感じているという教員のアンケート結果を受けて、体育担当者とリソース・マネジメント部が企画した。

事務職員は、美咲町の事業と岡山県のスポーツ奨励事業を併用し予算を確保した。また、実施時期も教員と外部指導者との打ち合わせ時間がとりやすく、種目ごとに集中して実施可能となるよう、リソース・マネジメント部で教育課程編成段階から体育担当とともに企画を進め、年間指導計画の見直しに取り組んだ。

跳び箱やサッカー、タグラグビーの指導では、地元のNPO団体を通じて、国際大会の競技にも参加経験のある方を指導者として依頼した。教員には指導のコツを、児童には選手へのあこがれと運動の楽しさ、上達することの喜びを教えていただいた。

(3) 事例3 ふるさとクラブで伝統文化の素晴らしさや地域の歴史と今を知る

本校では、「地域の方々から伝統文化を学ぶ授業」が、5・6年生の総合的な学習の時間で実施されていた。10年近く続く歴史のある取組だ。昨年度、校長から総合的な学習の時間を見直し、再検討するよう指示があった。今年度総合的な学習の時間をさらに探求的な学習のための時間とした。

伝統文化を学ぶ事業は、特別活動のクラブに位置付け、「ふるさとクラブ」として新設し、9月から11月にかけて集中的に配置することになった。

学校運営委員会の場で協議をすすめながら、ふるさとクラブ開設に向けて計画策定の段階から積極的に関わっていった。クラブ担当の教員とともに、4年生から6年生の児童が、十分楽しみながらふるさとについて学べるよう、また、ふるさとのボランティアさんとのふれあい、交流もはかれるよう、様々なアイデアや工夫も検討してきた。

活動の種類は、全部で8種類。【三味線】【尺八】【剣道】【獅子舞】【日本舞踊】【ふるさと探検】【木工】【昔あそび】とした。

事務職員の役割は、ふるさとクラブの内容が、「めざす児童像：ふるさとを愛し、ほこりに思う児童」を育てるふるさと学習の場として、

特集　「働き方改革」と学校事務職員の機能と役割

少しでも充実したものとなるよう尽力すること
と考えている。行政や様々な地域のリソースを
整理し、検討材料としてクラブ担当に提供する
こと、実施に必要な地域の人材を地域コーディ
ネーターとともに探すことである。

　地域のお年寄りが開設した「ふるさと料理み
んなの台所」メンバーと一緒に作る郷土料理企
画や、美咲町かるた保存会の方たちと開催す
る、かるた大会も地域の歴史を遊びながら学べ
るよい時間となる。時には、ボランティアさん
と楽しく交流を深めたり、地域の方々への公開
もしたりしながら有意義な時間となるようにし
たい。

　以上、３つの事例においても、地域とつなが
り、子どもたちの学びがより深くなっている姿
を見て、事務職員の強みを生かして子どもたち
の学びに対するリソース・マネジメントを行う
ことで、より効果的で上質な教育活動に貢献で
きているという喜びを改めて味わうことができ
た。

6.「これからの学校改革」

　学校改革は授業改革と働き方改革の両輪とと
らえている。

　2018年夏には、働き方改革ミニ校内研修で、
事務職員が「１日の働き方」という講座を企画
した。１日24時間の使い方を、理想と現実で比
較し、より理想に近づけるにはどうすればよい
かを皆で考えてみた。グループワークでは、学
校が抱えている多忙の原因や課題解決のための
アイデアを出し合った。業務をシステム化、ス
リム化することで、時間を生み出す工夫なども
話し合われた。その後学校では、ここで出され
たアイデアを生かし、業務の徹底と効率向上を
目的としたルールブック「必読加美ルール」や、
給食指導を交代で行う「ランチルームレスト」、

退庁時刻の意識づけをするタイムレコーダーの
導入、職員の退庁予定時刻を表示する「カエル
ボード」などのタイムマネジメントにも取り組
んできた。

7.　おわりに

　CSの実施校は2018年４月現在5,432校となっ
ているが、設置が努力義務化されて以降、加速
度的に増加している。今後、すべての学校がCS
として地域とともにある学校をめざして取り組
んでいくこととなる未来はすぐ近くに来ている
のだろう。

　事務職員も今まで培った渉外力・調整力で、
事務局として学校運営協議会をコーディネート
する役割を発揮し、カリキュラムを地域ととも
につくる関係でありたいと考えている。

　また、事務職員が事務局として情報共有や、
広報活動、原案作りに関わるなど、地域ととも
にある学校づくり推進のため貢献したい。この
思いは、共同学校事務室のメンバー内でも共有
しながら、事務局としてのあり方の具体を模索
している。ベテランでも中堅でも若手でも、同
じ「つかさどる」事務職員であれば、できるこ
とだと皆が確信している。

　2020年度、本校にはCSが導入される予定で
ある。これからも事務職員としてできることを
一歩ずつ進めていきたいと考えている。

※この原稿は、梶並校長に掲載承認をいただい
　ております。

〈引用・参考文献〉
○藤原文雄「スクールリーダーのための教育政
　策入門」学事出版、2018年
○佐藤晴雄「地域の資源を生かす新たな教育事
　務」『日本教育事務学会年報　第５号』学事出
　版、2018年

| 特集 | 「働き方改革」と学校事務職員の機能と役割 |

学校の変容と学校事務４領域

Transformation of schools and four fields of school administration

中村文夫 (教育行財政研究所)

1. 学校に「先生」はいらない

　学校職場は多様な任用の多様な職種の人々で成り立っている。それぞれの職種は、それぞれの違った職業倫理・プライドを持って働いている。その相違を互いが認め合って調整しながら協働していくことで円滑な学校運営が可能となる。ひとり教員のみ、「教師」や「先生」と呼ぶ、非対称的な職場の雰囲気がある限り、職種間の信頼関係はうまれない。尊大さと忖度があるだけだ。学校に「先生」はいらない。

　ところが、2019年３月18日、文部事務次官「学校における働き方改革に関する取組の徹底について（通知）」では、「学校における働き方改革の目的は、現在の教師の厳しい勤務実態を踏まえ、教師のこれまでの働き方を見直し、教師が我が国の学校教育の蓄積と向かい合って自らの授業を磨くとともに日々の生活の質や教職人生を豊かにすることで、自らの人間性や創造性を高め、子供たちに対して効果的な活動を行うことができるようになることです」、と記されている。ここでは、教員ではなく教師という「師」が使われている。教員と表記すべきである。実はこのようなところにも問題がある。

　毎年４月になると学校を卒業したばかりの若者でさえ、突然「先生」と呼ばれる。学制以来「教員」は、「先生」と言われ、また同僚同士でも互いに呼び合う。弁護士の先生、医師の先生、

など「士」、「師」がつけばみんな先生である。日本には「先生」と呼ばれる人たちがたくさんいるようだ。自分の足りなさを知り、精進を重ねる人は、「先生」といわれることを恥じるはずだ。職業に貴賤のないフラットな社会的な関係が必要である。「先生」がいなくなるような民主的な学校職場が望まれるのである。

　なぜ、このような書き出しをするのか。戦後、学校にいる事務職員（学校事務職員）は、子どもの教育のために配置されているのであり教員のためではない。しかし、教員の多忙化解消要員の扱いが不断に見られる。「事務教諭」をめざした過去もあり、職種間のあり方には複雑な思いが積み重なって、今日を迎えている。

2. 学校事務職員の複合化した思いの積み重ね

　戦前にも学校事務職員の前史があったが、ここでは戦後に絞る。1949年の教育公務員特例法（教特法）に触発されて、「事務教諭」運動は、1954年から1956年にかけて広範に広がり、国会への取り組みに焦点化されていった。1954年、第19回国会での政府委員答弁、「事務職員は繰り返し申し上げますように事務に従事するものでございまして、ほかのたとえば教育委員会におります職員、あるいは極端に申しまして文部省におきまして教育の一般行政にたずさわる職員と性質において私は変わりはないと思いま

特集 「働き方改革」と学校事務職員の機能と役割

す。したがいまして学校事務職員のみを教育公務員特例法の適用の問題にするのはどうかと思います」、を覆す事はできなかった。

1971年の中央教育審議会答申「今後における学校教育の総合的な拡充整備のための基本的施策について」、いわゆる46答申で、第3の教育改革が打ち出された。それを担う教員の意識改革と優遇措置が実施された。それが、1972年の公立の義務教育諸学校等の教育職員の給与等に関する特別措置法（給特法）、それに続く1974年公布、施行の学校教育の水準の維持向上のための義務教育諸学校の教職員の人材確保に関する特別措置法（人確法）である。人確法は、義務教育諸学校の教員の給与について特別の措置を定めることにより、優れた人材を確保することを目的としていた。この法律に基づいて1978年まで3次にわたって教員給与の改善が実施され25％もアップした。同時に、「学校管理組織上の改革が、教育管理の合理化・効率化及び官僚化として実施された。校内管理組織の改革として小・中・高校での教頭法制化（74年）、主任制度化（75年省令改正）があり、校長─教務主任─学年主任─教諭といった校内職制システムにより階層的管理体制が実態化されてきた」、のである[1]。しかも、25％の賃金改善は霧散し、残ったのは校内職制システムであった。教員の多忙化の原点は給特法だけではなく人確法もだ。

校内職制システムから疎外され、また25％もの賃金格差がつけられ、他の職種は岐路に立たされた。「これまで私達事務職員は法的にも教員と一般行政職員の中間で綱渡りをしてきたのではないかと思う。いつでも誰かの都合で教員と一緒にされたり、それまで同じだったつもりが切り離されたりする。切り捨てられたと思うのは、私達事務職員も教員と同じという意識があるからに違いない」、との感慨も生まれた[2]。

1979年、大蔵省が仕掛けた第1次義務教育費国庫負担問題では、学校事務職員、学校栄養職員を制度から除外するというものだった。「教壇に立つ先生の給与について国庫負担を行うこ

とは必要であるとしても、事務職員や学校栄養職員の給与まで、国庫負担する必要はないものと考えられる」いう視点は、人確法導入時の発想と同質のものであった。この廃職の危機感から約3万人の義務制諸学校の学校事務職員が阻止のために一斉に立ち上がった歴史もある。

2000年の地方分権一括法、2004年の総額裁量制、そして2006年の第2次義務教育費国庫負担問題では国庫負担制度自体の廃止が打ち出された。現在の3分の1負担で一件落着する。そして、政令指定都市への負担金移譲へと続く。特定三職種を県費にして半分を国が負担することで安定的な教職員制度を形づくってきた。それも制度崩壊の瀬戸際にある。政令指定都市のみではなく、中核市も負担金移譲の事態になれば、大規模自治体の自主的な運営と中弱小自治体へ県の関与という複合的な制度となる。義務教育については中間的な教育行政機関としての県教委の役割は見直しが必須となろう。

二度の国庫負担問題は、学校事務職員に校内からの脱出の道を踏み出させた。大阪市学校事務センターから始まる学校事務の共同実施が政策化された。そして、地域学校事務室に至っている。この方策がよいものかどうかは別の論考が必要であろう。以下で学校事務職員が担ってきた学校事務とは、どのような教育行政上の位置にあるのか、若干の考察をする。

3. 戦後に学校事務職員が配置された理由

46答申の頃に、市川昭午は、戦後学校事務職員の設置を「学校経営における経済効率の見地からなされたとみる方が妥当性をもつと考えられる」、とし、以下のような説明をしていた[3]。

「少なくともわが国では学校に事務職員がおかれるようになったのは、教員の仕事を補助するためなのではなく、学校管理機関の事務を補助するためなのである。事務量が増大し、複雑化した結果、これを処理する専任者を学校に派遣せざるを得なくなったからにすぎない。

学校の事務職員は「学校において事務に従事

21

する職員」ではあるが、必ずしも学校における事務に従事する職員ではない。その事務の内容はむろん何等かの意味で学校に関するものであるが、学校固有の事務ではない。従ってそれは教育活動に間接的には関係するが、むしろ、学校管理機関とであり、彼等は学校駐在の事務職員に他ならない」、と断じた。ただし、この言い方にしたがえば、校長などの管理職も学校駐在の職員であるが、その点は言及されていない。

事務量が増大、複雑化した学校管理機関の事務として、戦後の新たな地方教育行政制度である教育委員会の業務が想定できる。学校固有、つまり校務分掌に代表される教務事務の延長ではない業務を担うために新規配置された、と市川昭午は見なす。戦前は、内務省が所管する出先機関の都府県教育行政とそれを委託された市町村業務という割に単純な制度であった。戦後は、都道府県も市町村も、地方自治が行われ、さらに独自の行政委員会による地方教育行政が始まった。新制中学校建築１つとってみても、自治体の財源確保も並大抵のことではなかった。教育行政事務（教育事務）に学校事務職員の存在の必要性があったのである。

学校事務職員は教員の多忙化解消要員として生を受けたのではない。教員の仕事は授業だけでなく事前事後の教務事務を含めて成り立つのである。教員が担うことで業務が完結する。この仕事の流れに加わることはできないし、それを補助するにしても、教員の多忙化解消にそれほど役立つわけではない。教員の定数拡大か、教育内容の総量規制でしか、解消はできない。

４．学校における働き方改革

1996年、中教審答申「21世紀を展望した我が国の教育の在り方について」において、学校、家庭、地域社会の適切な役割分担と連携の必要性が主張され、「学校のスリム化」が提案されている。すでに学校週休５日制も始まっていた。21世紀の今日の事態への伏線がはられた。

学校における働き方改革は、教員の多忙化解消を名目とする、新たな教育目標に対する校内運営管理システム、すなわちチーム学校としてピラミッド型学校管理体制を遂行する運営管理がねらいである。新たな教育目標とは、新学習指導要領であるが、さらにいえば国家の枠を超えたグローバル人材への優遇政策である。

2018年６月、経済産業省「「未来の教室」とEdTech研究会　第１次提言」が出された。EdTechとは、教育（Education）とテクノロジー（Technology）を組み合わせた造語である。そこでは、「学習者中心」、つまり個人の資質・能力を最先端の技術と学校・学級の枠組みにとらわれないシステムによって「個別最適化された学び」を実現し、「学びの生産性」を向上させるとしている。公私教育機関の垣根も取り払うことで、一人一人の学習者が「自由」を手にいれ、「創造的な課題発見・解決力」を得ることができるとしている。文部科学省も後追いながら、Society 5.0に向けた人材育成の推進において取り組むべき施策として、「公正に個別適正化された学びの実現」、「基盤的な学力や情報活用能力の習得」、「大学等における分離分断からの脱却」の３点を掲げている。

教科化された道徳教育に加え、新たに英語教育、情報教育（プログラミング教育）も予定されているばかりか、全国学力テストへの都道府県対抗競争（市町村、あるいは学校間）も激化している。北陸には、プレテストを事前に行い、下位３割の学校に指導を入れる地域もあるとされる。学校の役割の変容への相次ぐ政策によって、子どもと教員の疲弊が深まっている。

さらに変容は続く。教育の情報化の核心にあるのは、遠隔教育と授業のAI（機械学習）への置き換えである。前者は、すでに20人に１人の高校生が通う通信制高校の義務制版と考えることができる。不登校児童生徒だけではなく、統廃合も限界にきている地域を対象とする通信制学習への道筋が始まっている。そのシステムは汎用性がある。後者は人間教員のスキルを解析し、機械化する取り組みである。この二つの方

策の先には、公立、私立（株式会社立）、塾など
の民間教育機関の区別なく、子どもの個別最適
化された学びを選べる教育制度がある。これが
実現できれば、教員の過重労働は、授業労働と
いう中心部分から軽減できる。もっとも、教員
も学校もいらなくなるまでの合理化も可能であ
る。それが来るべき21世紀中葉の新自由主義的
公教育である。

　そのような将来を見据えると、働き方改革は
過渡期の現象である。学校における働き方改革
の推進策として、学校職員の出退勤管理が進め
られている。総合型校務支援システムの一環で
ある。だが総合型のねらいは教務事務である。
膨れ上がった教育内容に対応するために、事前
の教材研究、事後の児童生徒一人一人のつまず
きのフォローができない現状がある。対応とし
て出されたのが、子ども一人一人の学習、生活
履歴の統一的管理（ビッグデータ化）である。
教員の仕事として、授業の場面だけでなく、事
前準備、事後の評価があり、これを機械化しあ
るいは補助スタッフに丸投げすると、それだけ
マニュアル化された授業展開しかできなくなる。

　勤務時間内に圧縮された密度の高い労働が教
員に要請されているが、総合型校務支援システ
ムの活用次第では、持ち帰り残業が可能であ
り、出退勤管理はザルになる。西条市では、児
童生徒の名簿管理や成績処理など校務をデジタ
ル化したうえに、クラウドを利用した安全性の
高いテレワークシステムも構築した。「電子式
風呂敷残業」というわけである。

5. 学校事務の4領域

　学校事務職員は、教育委員会事務局、スクー
ルソーシャルワーカー、スクールカウンセ
ラー、部活動指導員、地域ボランティア同様に
教員が校務分掌で担わされている一部を代替す
ることは可能である。しかしそれは本質的な問
題ではないし、効果があるとはみえない。

　そこで学校事務職員がこれから力を入れてい
く4分野を概括する。1つに、これまで学校事
務職員の主要な業務であった総務事務は、縮小
しつつ、多職種の対等な協働のための「チーム
学校」の実現に、つまり「先生」のいない職場
に転換する。教職員の定期的な人事異動などは
廃止し、人事管理の軽量化を図る。他方で非正
規、外部人材の待遇を同一価値労働同一賃金原
則に沿って改善するなど従前の枠組みを変え
る。学校運営には欧米や明治初期と同様に教員
は関わらない。学校運営をするのは教育委員会
事務局と一体となった学校の教育事務部門であ
る。2つに、教育機会の平等を保障するため地
域に学校を残す取り組みである。学校も、これ
までの子どもという一過性の存在への学習・教
育機関ではなく、たとえば高齢者施設などの地
域ニーズにも適応した多機能・複合的な地域公
共空間として存続すれば可能性が拓かれる。現
代によみがえる地域立学校としての「番組小学
校」である。教員は、大綱化された学習指導要
領に地域の持続可能性の課題をいれた授業とそ
れに関連する業務に専念する。3つに、改正子
どもの貧困対策法が、2019年6月に成立した。
教育福祉の重要性は高まる一方である。教育福
祉を重点化する。4つに、公教育の無償化に向
けた学校財政である。補助教材費、学校給食費、
修学旅行費、制服、体操着、カバンも学校が指
定していれば、「広義の授業料」である。すでに
学校給食費の無償化も128自治体となった。学
校給食費等の公会計化について、2019年7月31
日に推進通知が出た。これは働き方改革だけで
なく地方自治法に沿った会計処理を求めるので
あり、無償化に向けた第一歩とすべきである。

　4領域の学校事務を行うことが、学校事務職
員が変容する学校に居続ける意味である。

〈注〉
[1] 岡村達雄『現代公教育論』社会評論社、1982
　年
[2] 竹下三枝子「女のひとりごと／「事務の先生」
　と呼ばれて」『学校事務』1977年2月号
[3] 市川昭午「教育活動と学校事務の本質」『学校
　事務』1971年4月

第6回大会シンポジウム

第6回大会シンポジウム

学校・教師・子どもの在り方を考える
―静岡県教員調査から

紅林伸幸 (常葉大学教職大学院)

1. 正しい一歩を踏み出した教員の多忙解消

　教員の多忙化はかねてより教育問題の重要な一つとして取り上げられてきた。教員のバーンアウト（燃え尽き）研究が我が国の教員研究上の最重要テーマの１つになったのは1990年代のことであり、それから現在まで多くの研究が行われ、学校週５日制の完全実施、地域人材や外部の専門家の活用などのチーム学校の推進、事務作業のICT化など、様々な改革が行われてきた。しかし、状況は改善されただろうか。

　2017年４月に文部科学省が発表した、超過勤務が過労死ラインの月80時間を超える教員が小学校で３割を超え、中学校に至っては６割を超えるという実態調査の結果は、今なお深刻な状態のままであることを示している。

　教員の多忙解消が、その問題状況を認識されながらも遅々として進まないのは、教員の多忙が、多忙感という厄介な問題とセットになっているからである。ここで注意しなくてはならないのは、多忙感の問題は、教員が多忙感を抱いていることを問題視するものではなく、多忙感を感じていない教員がたくさんいることによって、多忙の問題の深刻さが隠されてしまっていることにあるということである。1990年代に教員の多忙がバーンアウトに関わって問題化されたことも、このことに関連している。その意味では、バーンアウトが取り上げられなくなったのは、多忙解消が、教員の多忙感の如何にかか

わらず解決すべき課題として理解されるようになったことを示しているのかもしれない。ようやく、教員の多忙解消は正しい一歩を踏み出したのだ。

2. 頑張りを支える改革
―多忙解消に資する調査の結果より

　常葉大学教職大学院は静岡県教育委員会の全面的なバックアップを受けて、静岡県教育委員会が管轄する全公立小・中学校教員を対象に質問紙調査を実施した。回答協力の依頼は教育委員会を通じて全学校に行い、回答は教員個々の判断に任せることを徹底するため、Web調査を原則とした。なお、セキュリティの関係でWebでの回答が困難な学校に関しては、紙媒体の調査票での回答協力を依頼した。

　調査結果からは、超過勤務時間の長い教員の特徴として、子どもの問題に関わっている教員が多いことが明らかになった。子どもの問題は後回しにできない重要事項である。当然、すべてのスケジュールは、その解決を優先して、再構成されることになる。すべての仕事のマネジメントをやり直さなくてはならなくなるほどの破壊力を持つものが、子どもの問題なのである。

　通常のスケジュールを変えることが困難な学校では、通常のルーティンをこなした上で集中的にそれに取組まざるを得ないのが実情であ

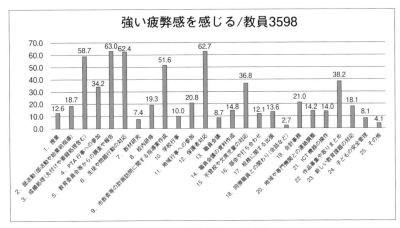

図1　小学校教諭の多忙感

り、超過勤務時間は必然的に長くなる。こうした状況そのものが日常化しているのが学校の現実なのである。それでも我が国の学校が高い教育効果を誇れているのは、意欲と熱意と、子どもたちの幸せを思う優秀な教員たちによって支えられているからである。多忙な日常に不満を漏らさず、子どもたちだけを見つめて頑張っている教員たちの姿が、それを示している。だからこそ、こうした状況を改善し、学校、教員の頑張りを正当に支える改革が進められなくてはならないのである。

3. チーム指導ができる学校へ

今後、学校は多職種連携の考えに基づくチーム学校を推進することによって実現していくことになる。それが本当に教職員の望むものになるためには、チーム指導ができるように機能するチーム学校にならなくてはならない。そのためには、チーム学校の資源を活かし、適切にマネジメントできる組織体制の整備が必須だ。

Web調査の結果によれば、学校で最も多忙な状況にあるのが教頭と主幹である。学校組織マネジメントを中心となって担っていかなくてはならない彼らが現状において多忙を極めていることは、このプランの実現にとって最大の暗雲だ。学校がプラン通りのチーム学校になるかどうかは、この問題の解消にかかっている。

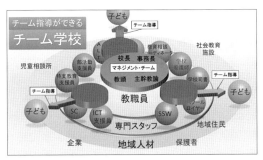

図2　チーム指導ができるチーム学校

4. チーム学校を支える力

多忙の解消はまちがいなく教育の質の向上に貢献する。そもそも意欲的で実践力のある教員が長時間働き、多くの仕事を巧みにマネジメントしながら行っているために、多忙解消の効果は見えにくい。けれども、そうした中でも、Web調査では、多忙でない方が教育上のアイデアが次々浮かび、教師の幅を広げることができるという結果も出ている。そして、やめたいなどと思わずに、やりがいを持って、意欲的に教職に取り組むことができるのだ。この結果の持つ意味は大きいだろう。学校を、子どもたちがそんな魅力的な教員のもとで学び、成長していくことができる場にすることは、この社会全体の、そして私たち全員の、一致した願いであり、なんとしても実現しなくてはならない課題なのだ。

第6回大会シンポジウム

「働き方改革」に貢献する
事務職員の基本的役割と方向性
―事務職員は、「働き方改革」のキーマンである

古川　治（佐賀市教育委員会 学事課 学校支援係 学校事務指導員）

教員の多忙化は、戦後間もない頃から叫ばれ、有名な伊藤和衛、宗像誠也による「学校の重層―単層構造論争」は、学校の多忙化解消論議の中から生まれてきたものです。これから半世紀以上が過ぎましたが、解決するどころか忙しさは増しています。これを放置してよいはずはなく、教員が教育業務に専念できる環境整備は必須です。同じ現場に働く事務職員として、状況を見過ごすことはできません。

1．多忙化解消論から働き方改革へ

教員の業務多忙化解消は、近年、「働き方改革」と姿を変えて議論されるようになってきています。以前は、一定の認識はされていたものの教員の忙しさの本質は理解されず、「多忙感があるだけではないか」などの議論にとどまっていました。ところが、次々と出てくる過労死裁判や報道の中で「やはり、教員は過度に忙しい」との社会的理解が深まってきました。各種の調査によると「過労死ライン」とされる月80時間の残業時間を超える公立学校の教員は、小学校で約3割、中学校で約6割に上り、長時間労働の実態がエビデンスを持って明らかになってきました。

「事務業務で忙しいのではないか」との認識程度しかなかったものが、採点・学級通信・連絡帳等へのコメント書き・学校行事・部活動などに加え、日々に出てくる突発的な児童・生徒の指導業務や保護者対応などが、議論の中心になってきました。また、最近の学校をめぐる社会環境の変化によって学校運営に関する多種多様な調整・折衝等の業務が増大していることも明らかになっています。言うまでもなく、教員は「子どものためになる」という課題が最優先し、このためには過重労働もいとわない学校文化が存在していました。この美名の下に教員個人の時間と生活は犠牲になっていました。犠牲の上に成り立つ労働は、続くはずがありませんし、続いてはなりません。

2．佐賀県の小中学校事務職員の動き

学校事務職員が、この社会的問題に寄与できるのかは、同じ学校に勤務するものとしてレゾン・デートルをかけた事務職員の本質論に迫るものです。戦前は存在しなかった義務制の学校事務が1950年代に入って必要とされたのは、正に教員の多忙化論議を抜きにしては語れません。しかし、当初の配置計画では、小学校18学級以上、中学校9学級以上から始まり、全校配置されるまでにもたくさんの時間を要しました。その後も単数配置が基本であることは変わらず、事務室機能が向上するには更に時間を要したのです。やっと2000年を目前にした頃より単数配置の義務制学校事務を組織化し、機能向上を図る共同実施の議論が出てきました。共同実施進展の中で従来の職務範囲のウイングを広

げる状況が出現してきたのです。共同実施は、単数配置と事務室機能の問題点を乗り越える画期的な動きでした。

佐賀県の小中学校事務職員を代表する団体である佐賀県公立小中学校事務研究会（略称；佐事研）は、一貫して共同実施を肯定的に捉え、各研究大会や研修活動の中で会員の意識醸成に寄与してきました。今回の「働き方改革へ事務職員が貢献する」発想は、共同実施に対する捉え方と根源を同じくするものです。「業務を効率化し、いかに学校運営や教育活動に貢献するのか」という立場に立っています。

教員の働き方改革を解決するには、「事務負担の軽減」だけでは限界があることは承知しています。しかし、まだ、すべての教員がこの事務負担から解放されているわけではありません。この事務負担部分を事務職員が担うことは、改革のベースになるものです。

また、事務職員は「働き方改革」に直接寄与する作業面の代替職員にとどまってはなりません。同時に学校内において「働き方改革」をマネジメントする職としての学校事務を確立していく必要があります。これは、事務職員としての学校経営への参画の一環でもあります。

3. 国の動き、県教育委員会の動き

2017年6月の中央教育審議会初等中等教育分科会に「働き方改革特別部会」が設置されて以来、学校の多忙化解消のための施策がスタートし、各種の取組がなされています。

佐賀県では、数年前から教育事務所、県及び市町教育委員会において「多忙化対策検討委員会」を設置し、対策を講じてきました。また、照会・調査の精選、簡略化や部活動のあり方、学校現場での業務改善計画の策定などを行ってきました。各レベルで学校事務職員に期待する「働き方改革」の動きは本格化しています。

4. 学校徴収金管理システムの確立

現在、佐賀市教育委員会学校事務指導員とし

て働き方改革の中で最も力を入れているのは、義務制の学校現場への「学校徴収金管理システム」の導入と事務室での一元管理です。県立学校では、当たり前のことですが、定数が少ない義務制の学校現場で全県的視野を持って挑戦しています。この業務も学校運営参画の一つです。このシステムは、2012年に佐賀市教育委員会と佐賀市小中学校事務研究会の共同研究で開発しました。口座振替、督促、支払、会計報告までの全ての業務を事務室で行います。事務職員は、年度当初から予算委員会や教材選定委員会を主催・参画し、金の流れ全体を把握することになります。佐賀市内53校全ての学校に一斉に導入したために教員・事務職員ともに「どの学校に勤務しても事務が統一」されているという効果を生んでいます。事務のやり方の違い、督促の意識や方法の差は、システム導入後は、統一されました。統括事務長・管理職事務長・各学校事務職員と連携し、一体となりながら業務を推進しています。

今まで、義務制学校の事務室は、県立学校と比べて格段に脆弱でした。これを常識のように思ってきたのですが、これからは常識にしてはいけません。義務制の学校事務も県立学校の事務室に近い機能を発揮できるような事務組織の確立が急がれます。このためにも事務職員はもとより、全ての教育関係者の意識改革が必要です。また、事務室機能の向上のためには、県費・市町村費を含めて義務制事務職員の定数増は必須です。何故、義務制の事務室は、県立学校に比べて機能が落ちるかの問題は、主に定数に起因しているからです。現在は、範囲が広すぎる学校管理職・教員の業務改革に手がついていない状況ですが、解決するためにはマンパワーが必要です。事務職員が業務負担の一部を引き受け、これを理由として事務職員数を一気に増やすチャンスでもあります。事務職員は、「学校の働き方改革」の実践で重要な立場やキーマンになれる絶好の機会なのです。

第6回大会シンポジウム

教員が子どもの指導に専念できる組織運営とチーム学校

藤原文雄 (国立教育政策研究所)

1. 『今後の地方教育行政の在り方について（答申）』

ここ二十年ほどの間、初等中等教育行政においては、家庭環境や個性の多様性を踏まえながら全ての子供の資質・能力が向上するよう「学校組織全体の総合力の向上（機能拡大）」を図りつつ、他方では「教員の長時間勤務の是正・業務の質的転換（機能縮小）」を図るという二つの政策目標を同時に解決するための施策が模索されてきた（藤原、2018ａ・2018ｂ）。

この「二兎（にと）を追う学校づくり政策」の先駆けは、1998（平成10）年にとりまとめられた『今後の地方教育行政の在り方について（答申）』である。同答申は、「学校の責任において判断し対応することが必要となる事務・業務が今後増えていくことが予想される」一方、「校長や教職員が子どもと触れ合う時間をより一層確保することも必要である」と指摘した。

その上で、調査統計の精選、学校に対する作文コンクールや絵画コンクール等への参加依頼などのいわゆる持込み行事に係る学校の負担軽減といった「（1）学校事務・業務等に係る負担軽減」、学校間で連携した教育活動の実施や学校事務の共同実施の推進といった「（2）学校の事務・業務の共同実施」、養護教諭、学校栄養職員、学校事務職員、スクールカウンセラーやALTなど教師以外の職種の配置促進やその専門性の活用といった「（3）専門的人材の活用」

などの施策を提言した。この答申以降、中教審における学校事務職員への期待は高まっていくこととなる。

2. 『チームとしての学校の在り方と今後の改善方策について（答申）』

同答申以降の施策の展開を踏まえて、「二兎（にと）を追う学校づくり政策」を大きく進めたのが、2015（平成27）年12月にとりまとめられた中央教育審議会『チームとしての学校の在り方と今後の改善方策について（答申）』である。

同答申は、二つの政策目標を同時に解決するため、（1）スクールカウンセラーやスクールソーシャルワーカーなど教師以外のスタッフの配置を促進する教職員分業体制の推進、（2）多様な資源を活用し、「学校組織全体の総合力の向上」を図るマネジメント機能強化、（3）教育委員会の支援体制の強化やタイムマネジメントの推進など業務改善の推進といった処方箋を提案した。

答申のタイトルから伺えるように、同答申の中核的な提案は、教師以外のスタッフの配置による「チームとしての学校」（教師の長時間勤務が是正された多職種から構成される機能的な組織）の実現というものであった。同答申において、スクールカウンセラーやスクールソーシャルワーカーなどと並んでその機能の充実を期待されたのが学校事務職員である。学校事務職員

には、教員（教員出身の副校長・教頭も含め）とは異なる総務・財務等の専門性を持つ職員としての存在意義が評価され、これまで以上に権限と責任を持って学校の事務を処理することが期待された。

教員を子供・教育内容・方法という「ソフトウェアの専門家」とすれば、学校事務職員は幅広い視野とバランス感覚を持ちつつ、教育に不可欠な施設や教材、情報や信頼といった有形・無形の教育資源（リソース）を調達し活用する「リソース・マネジャー」と考えることができる。こうした機能を果たし得る学校事務職員に期待が寄せられたと言えよう。

同答申を受けて、2017（平成29）年3月に学校教育法（同年4月から施行）が改正され、学校事務職員の職務規定は「従事する」から「つかさどる」（学校教育法第37条）へと変更された。法改正によって、これまでも同様の働きが期待されていた都道府県立学校の事務長だけでなく、全ての学校事務職員に、①学校教育目標・学校経営方針の実現を目指して、②教職員と対等に対話しつつ、③担当する業務全体を見渡し進行管理及び実務を行うこと、そして、④実務の中で気付いた改善点を積極的に校長や教育委員会に提案していくこと、といった四つの働きが求められるようになったと言える。

3. 『新しい時代の教育に向けた持続可能な学校指導・運営体制の構築のための学校における働き方改革に関する総合的な方策について（答申）』

『チームとしての学校の在り方と今後の改善方策について（答申）』とは違うアプローチで大胆な施策を提案したのが、2019（平成31）年1月25日にとりまとめられた中央教育審議会『新しい時代の教育に向けた持続可能な学校指導・運営体制の構築のための学校における働き方改革に関する総合的な方策について（答申）』である。

同答申は、学校における働き方改革の目的を「教師のこれまでの働き方を見直し、自らの授業を磨くとともに日々の生活の質や教職人生を豊かにすることで、自らの人間性や創造性を高め、子供たちに対して効果的な教育活動を行うことができるようになること」とし、教員の勤務負担の軽減によって、むしろ、教育活動の質の向上が可能となるという見方を示した。

そのための処方箋として提言されたのが、（1）勤務時間管理の徹底と勤務時間・健康管理、（2）学校及び教師が担う業務の明確化・適正化、（3）学校の組織運営体制の在り方などの改善であった。

こうした学校における働き方改革は、一人一人の教職員や学校の主体性を高める方向で進める必要があろう。これからの時代の学校に求められるのは、子供が「豊かな人生を切り拓き、持続可能な社会の創り手となることができるようにすること」である。こうした主体的な子供の育成は、主体的な教職員や学校でなければ育むことは難しいからである。過度に前例に捕らわれて出来ない理由を探すのではなく、子供のために保護者や地域住民と協働し、試行錯誤しながら理想を実現していく教職員の姿こそが子供のモデルになる。

「豊かな人生を切り拓き、持続可能な社会の創り手」の育成という観点で、これまでの学校教育を見直す「学校改革」のチャンスとして、学校における働き方改革は捉えるべきではないだろうか。

〈参考文献〉
○藤原文雄a 『スクールリーダーのための教育政策入門―知っておきたい教育政策の潮流と知識―』学事出版、2018年。
○藤原文雄b 『世界の学校と教職員の働き方―米・英・仏・独・中・韓との比較から考える日本の教職員の働き方改革―』（編著）学事出版、2018年。

第6回大会研究推進委員会企画

「『チーム学校』の実態的発展方策と地域ユニット化への戦略
～チーム学校と言われても～（FINAL）」

第6回大会研究推進委員会企画
「『チーム学校』の実態的発展方策と地域ユニット化への戦略〜チーム学校と言われても〜（FINAL）」

概要報告

第2期　研究推進委員会

1．はじめに

　研究推進委員会では、チーム学校を念頭に、学校現場で求められるスタッフとチーム・マネジメントのあり方について、先進事例とニーズを複合的に検討しながら、実現可能な発展方策を提示するため、「『チーム学校』の実態的発展方策と地域ユニット化への戦略〜チーム学校と言われても〜」を2016・2017・2018年の3年間のテーマに掲げ、活動を推進してきた。この間、「チーム学校と言われても」という現場の困り感をどのように解決していくのか。その困り感は、もはや学校の課題だけでは捉えられず、その課題は、チーム学校として一つの学校の中で解決できるものではない。地域全体の課題として、校内チームにとどまらず、中学校区を基盤とした地域ユニットを目指すことで解決できないかなど、実現可能な発展方策を模索してきた。

　研究活動では、研究集会・大会において、毎回、会員外のゲストを招き、そこから知見を得ること、同時に研究推進委員の実践を研究として発表するなど活動を進めてきた。

　任期中最後の活動となる第6回大会（常葉大学）では、いままでの研究活動をまとめた、『チーム学校の発展方策と地域ユニット化への戦略』（日本教育事務学会研究推進委員会編、学事出版、2018年）をもとに、これまでを振り返り、総括して、地域ユニット化への戦略をどの

ように展開してきたかを「FINAL」として発表した。

　発表は書籍に合わせて3部構成とし、「序章　チーム学校と言われても」を基に趣旨説明を行い、「第Ⅰ部　校内におけるチーム学校の協働体制」、「第Ⅱ部　校外との協働体制を築くチーム学校」、「第Ⅲ部　学校間連携・教育委員会の支援するチーム学校」といった展開で、執筆担当者が、各章の内容を要約したり新たな展開を交えたりしながら順に報告し、「結章　地域ユニット化への戦略」を基にまとめを述べ、その後、会場との質疑応答、意見交換を行った。

　以下の記述は、報告者自身がまとめた部分とそうでない部分が混在するため読みにくいところもあるかと思われるがご容赦願いたい。

　なお、書籍では第Ⅰ部に属する「第4章　日本的な学校文化・教職員文化から捉える『チーム学校』」については執筆担当の鞍馬裕美委員（明治学院大学）が、第Ⅱ部に属する「第7章　『チーム学校』で地域社会と支えあう」については同じく高木亮委員（就実大学）が大会に参加できなかったため、報告については割愛した。以下の記述の図表等についても、出典を一つひとつあげることは紙幅の関係から難しいことから省略している。

　いずれについても、詳しくは前掲書籍『チーム学校の発展方策と地域ユニット化への戦略』の該当箇所を参照されたい。

2．報告概要

(1) 校内におけるチーム学校の協働体制

1) 事務処理体制の構築を通したチーム学校の実現

報告者の勤務校における実践から、第一に、「事務処理体制の構築に向けて」、第二に、「『チーム学校』の実現に向けて」という2つのテーマについて報告した。

第一については、次の3つの点からの報告である。①共同実施による業務改善と学校支援：鹿沼市立東小学校内に設けられた「学校支援事務センター」(市内全校に向けての学校支援や教育委員会との連携、共同実施の推進などの業務を担う)による学校日誌や学校要覧のソフト開発が行われ、学校日誌作成システムや学校要覧記帳システムが各学校に提供されたこと、また、共同実施支援事務室(勤務校が所属する6小学校・2中学校で編成)による服務関係や学校日誌の突合などが行われていること。

②学校事務職員と教頭の連携による校内事務処理改善：実践事例として、保護者向けのメール配信にかかわって、配信に関する同意書の回収や登録手続きから配信、事後確認などの事務処理方法と流れを一覧にするとともに、事務職員は登録手続きやメール配信後の確認、一方で、教頭は、登録確認と主にメール配信をするといった業務分担をし、事務処理を連携して行えるようにしたこと。また、こうした業務改善を教頭と連携・協働しながら進めてきたが、事務部としてはどのように計画し実行していくのかを明確にするため、年度当初に作成する「事務部経営計画月別運行計画」の中に明示した。計画したものが実行できたかどうかチェックをし、評価改善につなげていくもので、これにより誰が何をどのように行っていくか明確となり、事務処理体制の見える化を図ることができたこと。

③「校務のスリム化」に関する具体的視点と方策：勤務校においても、例えば、2016(平成28)年の7月末までの平日で、午後6時までに全員が退勤したのは3日しかなかったり、平日は午後9時、10時まで残って仕事をしたり、休日出勤するなどしている職員が多くいたため、「ふやす(市教育委員会と連携を取りながら人を増やすための要望を継続)／つなぐ(保護者や地域、専門機関と学校をつなぐ)／へらす(校務分掌の再編成・業務分担の見直しや諸業務を見直し教育活動に支障のないものをへらす)／ならす(業務の重なりを考えて行事の見直し)」を具体的視点として、「校務のスリム化」に取り組むことになったこと。

第二については、第一のテーマをふまえ、それまでの実践を振り返り、学校内単体の「チーム学校」の実現が図れたことを述べ、単体の「チーム学校」から地域へ、そして中学校区へとチェンジアップを図っていく必要があり、チームの核となって自分自身が活動していかなければならないことを述べた。

(横瀬泰子・鹿沼市立さつきが丘小学校)

2) チーム学校へ何はともあれ一歩を刻む

「共同実施なし」、「職務標準なし」、「研修制度なし」の『3ない』と表現した石川県の学校事務を取り巻く環境整備が遅れている現状から、教員と事務職員等との役割分担など組織としての学校づくりについて報告した。

チーム学校と言われても……現場はどのように感じているか図式化を試みた(図1参照)。

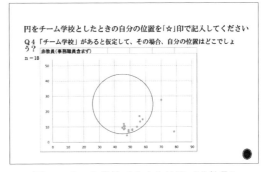

図1　チーム学校での立ち位置(非教員)

教員と事務職員の分布は似通った傾向を示し

たが、事務職員を含まない非教員（司書、校務士、調理員、相談員、支援員、SC、ICTサポーターなど）では明らかに右下隅に偏り数の割には外にあるものもあるなど、チームといった場合、疎外感を感じているのでは、と類推された。

そういった疎外感を乗り越え、チーム学校の実現に必要なものは何か尋ねたところ、校長のリーダーシップがトップとなった。一方、事務職員抽出では校長のリーダーシップに続いて「制度の整備」が挙がり『3ない』の改善を求める意見が多くなった。

こうした中、勤務校でチームの一員としてできることをと考え実践したものが学校集金業務の集中処理である。集約簡略化して事務職員による学校集金教材費業務処理を実施した結果、「負担感が軽減した」様子がグラフに現れた（図2参照）。

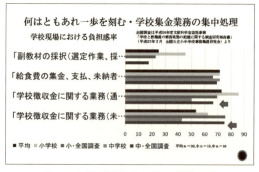

図2　会計業務見直し後の効果実感

学校集金については当面、準公金としての取り扱いをベースに業務の集約を行い、業務にかかる時間を縮減することも目指す。また、金額は多くないものの、公費で支払うべきもの、公費での支払いが可能なものを、保護者負担から支払い時に振り分け変えることもできた。マイクロサイズの公金化ではあるが、一つの成果と考える。学校にとって望ましい取組を安定して提供するためには、事務職員の連携が不可欠である。研究会での任意の地区連携を経て共同学校事務室など安定した基盤整備を目指したい。

（宮本健司・白山市立光野中学校）

3）県立学校における事務職員と教員の協働

「事務職員と教員の協働体制構築のための具体的方策」として、報告者の勤務する埼玉県立学校の事務職員は一般行政職員であり、事務職員と教員の協働といっても、双方の意識改革が求められること、また、教頭（副校長）と事務長の協働体制の構築が求められることを、まず提示した。こうした課題を克服すべく、先進的に取り組んでいる自治体を挙げながら、事務職員の意識改革については、群馬県や新潟県で新規採用事務職員研修の工夫が行われていること、また、教員の意識改革については、東京都において初任者研修の活用が行われていること、教頭（副校長）と事務長の協働体制の構築については、東京都において新任教頭・事務長合同研修が行われていることを報告した。

そして、各学校レベルで教頭と事務長が協働し、事務職員と教員の協働体制を構築すべく、報告者の勤務校において、2018（平成30）年度に取り組んだ新規採用事務職員（22歳・一般行政職員）の指導育成にかかわる具体的な4つの取り組みについて報告した。①教頭による校内研修：「一般行政」としての研修・専門性を学校現場に生かすための道筋を設けたこと。②他流試合：事務職員会（任意団体）主催の研修に参加させ、先達から話を聞く機会を多く設けたこと。③生徒と直接接する機会：公務員志望者の面接練習や面接シートの作成等、生徒の進路指導に直接携わるようにしたこと（生徒を介して担任や学年主任とも情報交換）。④事務室の業務量の削減：総務事務システムヘルプデスクAIを活用するよう教員に啓発したこと。

県立学校も今後は地域づくりの核となることが期待されている。すなわち、福祉や財政、スポーツや地域振興等の「一般行政」機関で勤務していた事務職員が、その経験や知識を学校現場に落とし込めるような機会さえ作れれば、それぞれの学校や地域の課題に応じ、より効果的・戦略的な連携・協働を進めることができる。「教員と共に教育と地域を創る」事務職員、

このビジョンを掲げることが、県立学校における「一般行政」としての事務職員の専門性を大いに生かすことに繋がり、そして、事務職員と教員の協働体制をより強固なものにしていくと考え、「リソース・マネージャー」へと成長してくれることを願い、自分自身が積極的に働きかけを行っていることを報告した。

（永島誠・埼玉県立春日部東高等学校教頭）

(2) 校外との協働体制を築くチーム学校
1) 家庭・地域との連携にかかわって『チーム学校』へ第一歩！

報告者はこれまで3校（小規模小学校1校、中規模中学校2校）の「コミュニティ・スクール」に勤務した経験から、校種や規模、地域性など様々なことがひとつとして同じ学校はなく、学校ごとに課題も異なり、協働の在り方も異なるような状況の中で、前任校での実践も、次の学校ではその状況に合わせてやり方を変え、進化させることが求められたこと、従って、「まずはかかわってみる」という手法を取り入れたことを述べた。そして、これまでの勤務経験から次の①～④のようなことに気づいたことを提示した。①「地域の課題は地域によって違う」ので、「育てたい子ども像を共有すること」、②「学校事務職員の強みを生かす」中で、「学校財務の担当者であること」や「情報を管理する」ことへの着目、③「管理職の理解と後押し」はやはり必要であり、そして、④「チームで役割分担する」こと。

まず①については、地域と一体となった子ども達を育む学校づくりには「地域でどのような子ども達を育てるのか」、「何を実現していくのか」という目標やビジョンを共有する必要があり、「熟議」の場を設定することにし、自分自身もそれに参加したこと。

②については、コミュニティ・スクールにおいて、学校運営や学校経営計画、学力向上の取り組みなどを説明・協議しているのに学校予算の説明がなかったが、学校予算の担当者であることは学校事務職員の強みでもあるので、学校運営協議会の場で自分自身が学校予算について説明を行ったこと。また、会議での情報をきちんと共有すれば教職員の理解も深まるため、議事録を作成し、作成した議事録は全教職員へ配布したこと。議事録の作成による情報共有は校内での理解が深まったことを実感したこと。

③については、報告者の勤務する山口県においては、「学校の総合力向上」や「チーム学校」のために学校事務職員の学校運営への参画が取り上げられていたことも味方となり、管理職の後押しはやはり大きかったこと。

最後の④については、コミュニティ・スクールの事務局業務は、校内で役割分担をしてチームで行う方が負担も少なかったこと（1人では負担が大き過ぎること）。

これからも、今ある課題を解決するために何ができるか、また、人が代わっても継続できる取組みを追究していきたいことを最後に述べた。

図3　勤務校の様子

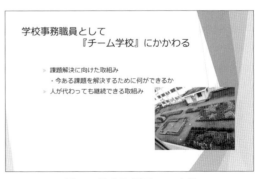

図4　発表時提示スライド

（春日原彰子・宇部市立西岐波中学校）

2）地域の人と「チーム」を組む力の鍛え方
　学校事務職員が地域の人と「チーム」を組む力の鍛え方として、次の5点が重要であることを指摘した。1．学校事務職員に求められる姿を意識する。2．育成指標を通してキャリアパスの見通しをもつ。3．体系化した研修を通して鍛える。4．仲間との交流を通して鍛える。5．日常業務を通して鍛える。
　1点目の「学校事務職員に求められる姿を意識する」については、国立教育政策研究所「義務教育諸学校事務職員の職務の明確化・人事・人材育成に関する調査報告書（2015年）」の結果と新潟市の学校事務職員に求められる姿を示し、求められる姿を明らかにした。
　2点目の「育成指標を通してキャリアパスの見通しをもつ」については、新潟市の育成指標に示されているキャリアステージ図を用い（図5参照）、キャリアパスの見通しを持つことの重要さを示した。

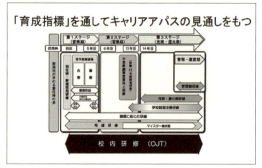

図5　新潟市教職員育成指標に示されているキャリアステージ

　3点目の「体系化した研修を通して鍛える」については、育成指標と連動した研修に取り組むことにより、各ステージに応じた力量形成が図られていることを説明した。
　4点目の「仲間との交流を通して鍛える」については、全国・新潟県・新潟市学校事務研究協議会の活動、新潟市学校事務共同実施、日本教育事務学会等の機会を通じ、近隣の学校・同世代の仲間との交流等を通して、共に高め合うことが期待されることを説明した。
　5点目の「日常業務を通して鍛える」については、地域の人と「チーム」を組もうとすると、「地域の人」を特別な対象と捉えてしまいがちであるとことを示し、特別視せず校内で取り組む場合と同じプロセスで成果を上げていくことは可能であることを説明した。
　校内の業務の延長線上に地域との連携があり、校内の業務の在り方が地域と「チーム」を組む時の基本的な力となり、地域の人とよりよい「チーム」を組む力を鍛えることができることを説明した。
　　　　　　　（池田浩・新潟市教育委員会）
(3)　学校間連携・教育委員会の支援するチーム学校
1）学校のマネジメント力強化を促進する―学校間・教育委員会との連携―
　報告者の勤務する新潟県の3つの取り組みを報告した。第一に、学校事務の共同実施、第二に、総括事務主幹の設置、第三に、学校事務職員の標準的職務である。
　第一については、2013（平成25）年1月に新潟県教育委員会（以下、県教委）が全県で実施されている共同実施の取組に対して、地域格差が広がっていることが課題であると捉え、同年4月実施予定の「総括事務主幹」（後述）の職の設置を踏まえ、共同実施要綱を改正し、そこでは、「全県共同実施推進協議会」及び「全県グループ連絡会議」を開催し、全県的な共同実施の連絡・調整を行うことや、市町村教育委員会が共同実施組織や支援組織の長の権限に関して必要な規則の改正、規程の整備を行うことが盛り込まれたことを報告した（図6参照）。
　第二に、2011（平成23）年6月から「総括的な業務を行う事務主幹」を配置していたが、更なる職務内容と職責の明確化を図り、学校事務の推進に資するために2013（平成25）年4月には「総括事務主幹」の職が設置されたことを述べた（図6参照）。これは、全県的視野から共通の課題や問題点について必要な指導や助言を行

うこと、共同実施推進協議会等の企画や運営を行い事務局的役割を果たすこと、さらには必要な研修計画を企画運営し資質能力の向上に向けた施策を行う場合には必要な意見具申を行うことなどを主なねらいとしていて、2018（平成30）年度において県内（新潟市除く）の公立小学校・中学校・義務教育学校・特別支援学校の計532校に事務職員538名が配置され、共同実施79グループが組織されている中で、11名の総括事務主幹が県内の指定地域に配置されている現状を報告した。

第三に、2013（平成25）年１月に県教委は、「市町村立小・中・特別支援学校事務職員の標準的職務について」を通知（同年４月施行）し、本通知では、「学校事務職員は、学校組織マネジメントを成立させるための重要な学校経営担当職員である」とされたこと、そして、2017（平成29）年４月に学校教育法等の一部改正に伴い、県教委が同年11月、「市町村立小学校、中学校、義務教育学校及び特別支援学校事務職員の標準的職務について」を通知し、新たに求められている領域・業務を加えて学校事務を整理し、学校事務職員の役割を見直したことを報告した。

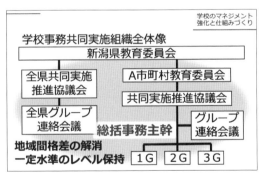

図６　新潟県の学校事務共同実施組織と総括事務主幹の位置づけ

学校事務職員は、学校経営担当職員として教頭と共に校長を補佐して学校経営を担いながら、共同実施の経営及び企画運営を担う立場であると通知では述べられており、積極的に参画する範囲とあわせて、職位に応じたつかさどる職務が明示されたことを述べた。それにより、校長には全職員の校務を分担する組織を有機的に編成し有効に作用するよう校務分掌の仕組みを整えることが求められ、学校事務職員には、今以上の専門能力の活用や資質向上が求められていることを指摘した。

（酒井竜二・長岡市立大島中学校）

２）「チーム学校」を束ね地域の子を地域で育くむ連携・体制づくり

報告者が2018（平成30）年７月の日本教育事務学会第５回研究集会（新潟集会）実行委員会企画で発表した勤務校での実践事例をまず振り返った。そこでは、「『業務改善×教育改善』で学校現場の業務改善を進める―行政の力・本気度・業務改善と授業改善は両輪！　全市で取り組む」、「校長の学校経営方針を実あるものへ：職員の声を聴き、子どもたちの笑顔のために―『伝統×進取＝伝説』で感動・歓喜・感涙・感謝―」、「学校事務職員の覚悟：全県実施11年目の共同実施―つかさどる職として、共同実施の役割・学校事務職員の役割・人材育成・他機関連携の強化」といった要点を改めて示した。

次に、上記発表以降の勤務校での様子を報告した。例えば、より具体的に各学校で動けるために共通取組事項を通知したこと、すなわち、内容としては、五泉市の業務改善加速事業における「五泉市の一点突破、全面展開の取組」により、子どもたちの学力を高め、不登校を減少させるための「聴き合う関係性づくり」や「勇気の声掛け」を行うことである（図７参照）。

学校事務機能強化においては、学籍事務のパート図を作成し、モデルパート図の提示のため「学籍に関する事務の手引き」を改訂し、市内共通のシステム開発や、共同実施と教育委員会とが連携し、事務の効率化・平準化を図ること、全教職員・児童生徒に調査を行い、教職員の業務改善の実感や児童生徒に本取組は受け止められているのかを検証したこと、また、「業務改善アドバイザー学校訪問＆指導会」を2018

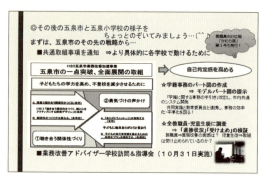

図7　現在の五泉市・五泉小学校の取り組み

（平成30）年10月31日に実施したことを報告した。

そして、最後に、五泉市の取組事例からみえたものとして、次のことを指摘した。学校の業務改善を進めるために必要なものとしては、やはり、行政（教育委員会）のリーダーシップが不可欠であり、「教育委員会が本気になること。他の課と違う一般行政ではなく教育行政を担っている自覚と覚悟」が求められること、「一般行政施策との関わりがなければならない。コミュニティ・スクールの導入を早急に進める。地域の力を活かす」ことであり、つまりは、「チーム○○」、「全市で」になれる体制・しくみづくりが重要であることを提起した。

業務改善は「ツール」であり、今後も子どもたちの教育の充実を考えていきたいと述べた。
　　　　　　　（新保房代・五泉市立五泉小学校）

3）「チーム学校」から「チーム学園」へ—2校以上の学校と「チーム」になる意味—

「○○学園」というように、近年、学園と付されることが公立小中学校で増えてきたことを指摘し、2000年代に入って以降、公立小中学校において小中一貫教育が展開されるようになったことが背景にあり、東京都品川区の「日野学園」（2006（平成18）年）や広島県呉市の「呉中央学園」（2007（平成19）年）はその嚆矢であることを示した。

そして、報告者がコーディネーターを務めた第5回研究集会（新潟集会）での本委員会企画において報告された新潟県湯沢町と三条市における「学園」について、振り返りを行った。「湯沢学園」は、湯沢町立湯沢小学校と同湯沢中学校の愛称であり、5小学校の統合＋1中学校で施設一体型の併設型小中一貫教育校として2014（平成26）年4月に開校し、2016（平成28）年4月には町内の保育所を統合した認定こども園も一緒になったこと、三条市の「学園」体制は、2017（平成29）年度に9つの学園体制（併設型小中一貫教育校）が設けられ、その中から2018（平成30）年4月には、義務教育学校の大崎学園（学校名：三条市立大崎学園）が開校したことを改めて提示した。

このような事例からみえてきたこととして、「行政（教育委員会）のリーダーシップ」は重要で、教育委員会で担われている業務は言うまでもなく「教育事務」であり、また、一般行政事務の一部に位置付けられる中で、「まちづくり」や「ふるさとを担う市民の育成」などの一般行政施策と「教育事務」の紐帯がなければならないことを指摘した。また、「学園」は、2校以上の学校が母体となって成り立っているため、各学校で構築されてきた組織文化が「学園」の成立に際し、ときに阻害要因となったり、ときに促進要因となったりすることも想定されることを提示した。しかし、「学園」は"新たにつくっていく"ものであるから、その指向性こそが促進要因となり、学校事務を担う学校事務職員は「他校」とつながり、「学園」をコーディネートしていかねばならないことを指摘した。

最後に、「他校」とつながり「チーム学園」になるということは、同時に「地域」も拡張することから、学校事務職員がどれだけコーディネーティブになれるのか、各学校のさまざまな境界を打破し、人と資源、情報をどれだけつなげ、掛け合わせることができるのかが問われることを述べた。

地域の拡張は地域資源の活用の側面でみれば、その選択肢や可能性が増し、強みと弱みを補填したり、融通し合える選択肢や可能性が増えること、そして、頼り・頼られる一体関係が

地域と学園間で築いていけるのかも同時に問われ、学校事務職員の地域開発力（地域を熟知し、資源を発掘・活用する力）を高めていく必要性があると指摘した。

（川口有美子・公立鳥取環境大学）

⑷ 地域ユニット化への戦略

研究推進委員会書籍の結章は、第Ⅰ部〜第Ⅲ部に呼応して、チーム学校の協働体制の条件を第1節〜第3節で展開している。

それぞれを簡略に述べれば、「第Ⅰ部　校内におけるチーム学校の協働体制」については、「学校のミッションを設定する校長のリーダーシップと複層的な構成員のマネジメントにより目標の連鎖が機能し、学校内チームが活動できるような人員配置や時間配分が行われ、フォロワーシップとコミュニケーション能力を備えた多様な構成員による専門性を発揮した協働体制」といったことが条件となる。

「第Ⅱ部　校外との協働体制を築くチーム学校」については、「なぜ協働しなければならないかわからない」・「仕事が増えるばかりで効果が実感されない」・「学校の敷居が高い」といった教職員や地域の声を乗り越えて、協働することが確実に子どもの教育にとって効果があるという確信を持つことである。

「第Ⅲ部　学校間連携・教育委員会の支援するチーム学校」に対しては、「単体のチーム学校として閉じられた運営をするのではなく、社会に開かれた教育課程を展開する中で、地域や他校種の学校を媒介にしながら、他の学校とも連携・協働していくことが必要」であり、「チーム学校は、少なくともチーム中学校区へ広がらなければならない。教育委員会には、目指す子どもの姿を明示し、それを実現するために必要な支援を行って、チーム学校の運営を容易にしていく施策」が求められる。

第4節では「社会教育からの照射」として、チーム学校のような動きについて、学校内から地域へ、さらに複数学校区や市町村単位に拡大していくと、必然的に地域づくりにつながってくる。そのことに関連し、「今後の社会教育に期待される3つの役割」（学びを通じた地域づくりに関する調査研究協力者会議「人々の暮らしと社会の発展に貢献する持続可能な社会教育システムの構築に向けて　論点の整理」文部科学省生涯学習政策局社会教育課、2017（平成29）年3月28日）として、地域コミュニティの維持・活性化への貢献、社会的包摂への寄与、社会の変化に対応した学習機会の提供があげられている。これらは学校教育においても求められることであることを示すと同時に、新しい学習指導要領の方向性に述べられている「何を学ぶか・どのように学ぶか・何ができるようになるか」もまた、社会教育において求められることであり、学校も地域社会も、地域課題解決型学習を推進することを目標にチームを構成していくと考えられる。

（雲尾周・新潟大学）

3．討論とまとめ

9名の報告の後、質疑応答・意見交換へと進んだ。会場からは、「1つの小学校から2つの中学校へ分かれて進学するケースはどう考えるのか」、「地域によって、状況が異なるのではないか」、「私の学校ではすでに、財務に関わることを地域の人に説明をしている」など、活発な質疑や参加者の実践についての提示があり、大変充実した協議が展開された。

結章の末尾にも記しているが、学校内に閉じられたチーム学校を、地域社会に開き、他の学校、教育委員会に開く地域ユニット化を進め、中学校区ベースからさらには市町村ベース、複数市町村にまで展開することで、地域教育経営ひては地域づくりを推進していくこととなり、それが、日本のあらゆる地域に活力を生んでいくのではないだろうか。

会員それぞれの地域等で、研究推進委員会が示した『チーム学校の発展方策と地域ユニット化への戦略』の活動が参考にされ、さらなる実践と研究が発展することを願い報告を終了する。

国内外の教育事務実践・研究動向

国内外の教育事務実践・研究動向

海外における学校事務職員

School Business Managers/School Clerks overseas

藤原文雄 (国立教育政策研究所)

1. はじめに

学校が教育活動を行う上では、教育活動の要素である人、物、金、時間、情報・知識、人とのつながりといった有形・無形のリソース（教育資源）を調達・活用するという学校事務機能が必要不可欠である。

日本においては、こうした学校事務機能を担う職員として、学校教育法の規定により、学校に専任の事務職員（行政職員）が置かれている。

しかし、こうした日本で自明視される学校事務機能遂行体制は唯一絶対のものではない。まず、テクノロジーの発展によって、学校事務機能を担う職員の必要性は失われるかもしれない。

さらに、学校事務機能を担う職員を置くとしても、どのような質の学校事務機能を前提とし、どのような機関に、どのような職員を置くかは多様であり得る。質さえ問わなければ、「特定の事務処理を学校において行うか、教委レベルで集中的に取扱うかは、いずれが効率的になしうるかという点から判断されるべき便宜上の問題である」（市川、1971a）ということになる。

以上のように、論理的には、学校に専任の事務職員（行政職員）が置かれる必要は必ずしもないが、海外の実情はどうなのであろうか。今後の学校事務機能遂行体制を構想する上では、既存の制度による改善とともに、他のあり得る学校事務職員配置体制の模索という作業も有益

である。

学校の学校職員配置体制については、本稿と同様の関心を持ち「外国の学校事務職員はどうか」についてイギリスの事例を基に執筆した市川（1971b）、アメリカ、イギリスの学校事務職員の実情調査をもとに海外の学校事務職員配置状況の類型について考察した大田（1997）など優れた先行研究が存在する。

しかし、これらの論考はアメリカ、イギリスなど英語圏の実情のみに基づいていること、また、その後の比較研究の成果が反映されていないことから、未（いま）だ十分な考察がなされているとは言えない。そこで、本稿では、考察の対象国を増やし、アメリカ、イギリス、ドイツ、フランス、中国、韓国の六か国の学校事務職員配置体制に係る研究を整理し、学校事務職員配置体制の類型化の作業を行う。

2. 海外における学校事務職員

(1) アメリカ

アメリカの場合、学校経営管理は教育委員会単位で機能しており、日本における管理事務に相当する職能は教育委員会が担当し、管理事務の責任者として学校事務管理者（School Business Manager）が、また学校には学校秘書（School Secretary）が置かれるという体制がとられている（市川、1971b、W・H・ロー、1967）。大規模な学校には当該学校だけでなく学校区全

体の管理事務を担当する学校事務職員が配置される場合もある（西山、2018）。

⑵　イギリス

イギリス（本稿ではイングランドを指す。）の場合、かつては、中等学校の一部には会計責任者（Bursar）が配置されていたが、小学校においてはパートタイムの学校秘書が配置されているだけであった（市川、1971b・大田、1997）。

しかし、サッチャー政権以降の学校分権化に伴い事務長（School Business Manager）が専門職として雇用されるようになった（末冨、2011・藤原、2011、2018a・植田、2018）。各学校には事務長のほか複数の学校事務職員が配置されている。

⑶　ドイツ

ドイツの場合、学校教育を担当する機関（州）と設置・維持等を担当する機関（郡及び市町村）が分離している。初等中等学校の設置・維持と教育に従事しない学校職員（事務員、用務員、清掃員、調理員）の人事を担当するのは地方自治体の郡及び市町村の学校担当部局であり、その業務に従事するのは当該自治体の職員である（髙谷、2014）。

学校には事務員が置かれているが、小さな学校ではパートタイムの事務員しか配置されていない（前原、2014・坂野、2018）。

⑷　フランス

フランスの場合、学校教育を担当する機関（国）と設置・維持等を担当する機関（地域圏、県、市町村）が分離している。初等中等学校の設置・維持と学校の技術・現業職員の人事を担当するのは地方自治体である。初等学校の場合、学校は予算に関する権限を有しておらず、予算の管理は市町村が行う体制（小島、2014）であり、初等学校には学校事務職員は配置されていない。中等学校は地方教育公施設法人としての地位を持ち、学校は予算管理の権限を有しており、事務職員や事務補佐員など複数の学校事務職員が配置されている（藤井・上原、2013・上原・京免・藤井、2018）。

⑸　中国

中国の場合、初等中等普通学校を設置・管理する機関は県・市である。県・市の財政部門及び教育部門が初等中等普通学校を含めた当該地域内の初等中等教育機関の会計を統一的に管理するが、財務管理権限は各学校が有している（新井、2014）。中国では、教師、事務職員、教育補助員、労働勤務員という教職員が学校で雇用されている。日本でもごく一部の自治体に見られる雇用形態であるが、中国では一人の職員が複数の役割を担当する場合が広く見られる。これまで事例紹介されている学校では教師が授業担当数を軽減された上で人事・財務等の学校事務を担当している（新井、2018）。

⑹　韓国

韓国の場合、初等中等学校を設置・管理する機関は広域市・道など広域自治体に設置される教育庁であり、それは一般行政から独立している。各学校は教育庁から配分された予算の範囲内で予算を編成・執行することができる（松本、2014）。会計管理や施設管理、人的管理、文書管理、学校運営委員会（学校の管理運営に関する審議機関）関連業務などを担当するため学校には行政室が置かれ、行政室長のほか数名の職員が配置されている。これらの職員は教育庁の長である教育監が行う試験によって採用され、教育庁や学校を異動する（金、2005・松本、2018）。

3．学校事務職員配置体制の類型

これまで諸外国の学校事務職員配置状況の類型化について考察したものには、大田（1997）の分析がある。そこでは、①地方教育行政機関に管理事務を専門とする職員が存在し、学校には事務を処理する学校事務員を配置する国（一般事務員を配置する場合、秘書が専門職化するかどうかで更に細分化される）、②地方教育行政機関に管理事務を専門とする職員が存在せず、学校に管理事務の専門家を配置する国という類型化が示された。

これは、学校事務職員配置状況が教育委員会職員の配置状況と対になって決定されるという見方である。確かに、サッチャー政権以降の学校分権化に伴い、地方教育当局の機能が縮小する一方、学校に事務長が雇用されるようになったイギリスの事例などは、まさに学校事務職員配置状況が教育委員会職員の配置状況と対になって決定されるという見方で説明可能であり、大田（1997）の分析は卓越したものであると言えよう。

この大田（1997）の枠組みを継承しつつ、「アドミニストレーター（学校事務に責任を持つ学校事務職員）」を学校に配置するか、それとも「クラーク（事務を処理する学校事務員）」のみを学校に配置するかという違いで類型化を試みたのが、図1に示す藤原（2018a）である。ただし、中国については国情が異なり理解が必ずしも正確ではない可能性があることには留意されたい。

この図1の類型化は、大田（1997）と異なり、フランスの小学校のように学校事務職員が配置されていない国があること、「アドミニストレーター（管理事務を専門とする職員）」を学校に配置する場合でも韓国等のように行政職員を配置する国、イギリスのように会計士などの経験を持つようなレベルが求められる国、中国のように教師が人事・財務等の学校事務を担当する国などバリエーションが認められることなど、新しい知見を織り込んだモデルと言えよう。

4．終わりに

以上の比較研究による学校事務職員配置体制の類型は、学校事務職員の職務規定の見直しの意味を考察する上で有意義な示唆を与えてくれる。

周知のとおり、日本においては、2017（平成29）年3月に学校教育法の一部改正により事務職員の職務規定は、「事務に従事する」から「事務をつかさどる」（学校教育法第37条14号）へと

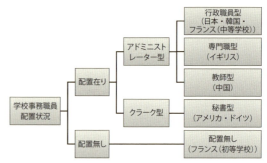

図1　学校事務職員配置体制の類型

（出典）藤原文雄「学校運営・学校事務体制」同編著『世界の学校と教職員の働き方—米・英・仏・独・中・韓との比較から考える日本の教職員の働き方改革—』学事出版、264ページ

変更された。図1の類型によれば、「行政職員」としての性格を維持しつつ、「クラーク型」から「アドミニストレーター型」へ「移行」したと評価できよう。

しかし、学校分権化が進められたわけでもない日本で、なぜイギリスのように「移行」したのだろうか。確かに、副校長・教頭・教師の勤務負担軽減を図りつつ、教育水準の向上を図るという政策目標を実現するという「二兎（にと）を追う学校づくり政策」（藤原、2018b）のために、学校事務職員に高度な機能発揮が期待されたことは確かである。こうした文脈では、学校事務職員は「活用される」側ということになる。

しかし、別の解釈も可能である。日本においては、もともと、教育委員会に管理事務の専門家が存在しないという状況の下、「クラーク型」である学校事務職員が管理事務を担ってきた（市川、1971b・大田、1997）、さらに、「クラーク型」であるにもかかわらず当初から正規の行政職員（吏員）が雇用されてきた、という制度と実態との間の「ずれ」が存在した。長年続いていた教師優遇政策の下、この「ずれ」こそが、日本における学校事務職員団体による研究活動や法改正に向けたロビイング活動の活発さのエネルギーであった。今回の法改正は、この「ずれ」を解消するという意味があったと解釈する

ことができる。こうした文脈では、学校事務職員は自らの主張が「認められた」側ということになる。両者とも妥当な解釈ではないだろうか。

さて、こうした「ずれ」が解消した今、「行政職員」・「アドミニストレーター」としての資質・能力の向上が政策課題となろう。管見する限り、「アドミニストレーター型」に分類される国のうち、国としていち早く学校事務職員の人的資源開発に取り組んできた国はイギリスである。その詳細の分析は今後の課題としたい。

〈引用・参考文献〉

新井聡（2014）.「中国」文部科学省『諸外国の教育行財政―7か国と日本の比較―』ジアース教育新社、238-293.

新井聡（2018）.「中国の学校の役割と教職員」藤原文雄編著『世界の学校と教職員の働き方』学事出版、53-61.

市川昭午（1971a）.「教育活動と学校事務の本質」『学校事務』22（6）、19-26.

市川昭午（1971b）.「教育活動と学校事務の本質」『学校事務』22（7）、20-26.

植田みどり（2018）.「イギリスの学校運営・学校事務体制」藤原文雄編著『世界の学校と教職員の働き方』学事出版、221-227.

上原秀一・京免徹雄・藤井穂高（2018）.「フランスの生徒指導体制」藤原文雄編著『世界の学校と教職員の働き方』学事出版、39-45.

大田直子（1997）.「学校事務職の比較研究」小島弘道編著『事務主任・事務長の職務とリーダーシップ』東洋館出版社、160-175.

金東順（2005）.「韓・日における教育行政職（学校事務職員）の職務満足度と校内での職種間葛藤に関する研究」『東京大学大学院教育学研究科教育行政学研究室紀要』24、21-32.

小島佳子（2014）.「フランス」『諸外国の教育行財政―7か国と日本の比較―』ジアース教育新社、138-172.

坂野慎二（2018）.「ドイツの学校運営・学校事務体制」藤原文雄編著『世界の学校と教職員の働き方』学事出版、234-243.

末冨芳（2011）.「学校分権の光と影―英米の最前線（第4回）イギリスの学校分権の進展とスクールビジネスマネージャー」『学校事務』62（7）、42-45.

髙谷亜由子（2014）.「ドイツ」『諸外国の教育行財政―7か国と日本の比較―』ジアース教育新社、174-214.

西山久子（2018）.「アメリカ合衆国の学校運営・学校事務体制」藤原文雄編著『世界の学校と教職員の働き方』学事出版、212-220.

藤井穂高・上原秀一（2013）.「フランス」『Co-teaching スタッフや外部人材を生かした学校組織開発と教職員組織の在り方に関する総合的研究（外国研究班）最終報告書』37-52.

藤原文雄（2011）.『「学びの環境デザイナー」としての学校事務職員―教職協働で学びの質を高める―』学事出版.

藤原文雄（2018a）.「学校運営・学校事務体制」藤原文雄編著『世界の学校と教職員の働き方』学事出版、258-268.

藤原文雄（2018b）.『スクールリーダーのための教育政策入門―知っておきたい教育政策の潮流と基礎知識―』学事出版.

前原健二（2014）.「ドイツの学校経営事情と学校事務」『日本教育事務学会年報』（1）、76-79.

松本麻人（2014）.「韓国」『諸外国の教育行財政―7か国と日本の比較―』ジアース教育新社、296-325.

松本麻人（2018）.「韓国の学校の役割と教職員」藤原文雄編著『世界の学校と教職員の働き方』学事出版、62-68.

W・H・ロー（渡辺孝三監修）（1967）.『School Business Management』学事出版.

投 稿 論 文

投稿論文（研究論文）

チーム学校の実現と学校事務職員の職務態様との関連
―校長及び学校事務職員対象の質問紙調査から

A study of the Relationship between the Understanding of the Team School and the Work Style of the School's Administrative Staff: From the Survey of Principals and Schools' Administrative Staff

川口有美子（公立鳥取環境大学）・諏訪英広（兵庫教育大学）・佐久間邦友（日本大学）

　　本稿では、校長と事務職員を対象とする質問紙調査データの分析を通して、チーム学校の実現及び事務職員の職務態様に関する実態とチーム学校の実現に対する関連・影響要因を明らかにし、事務職員の専門性を活かすことができるチーム学校のあり方について検討した。

　　「校長との肯定的関係」や「成長的・挑戦的雰囲気」といった組織風土・組織文化がある学校ほど、また、事務職員の役割として「情報の管理と発信」を担うことや、事務職員の対人関係において「同僚の教職員」と関わることを期待している学校ほど、チーム学校の実現が進展していることが明らかになった。

　　チーム学校の実現における事務職員のあり方について得られた示唆として、学校種による事務職員の職務態様の違いに迫ることも求められること、また、事務職員の情報管理・発信の充実・深化が要請されることであり、「情報マネージャー」とでもいうべき、事務職員のさらなる職務が期待されることを指摘した。

　　キーワード：チーム学校、校長、学校事務職員、情報の管理と発信、同僚の教職員

1．研究の背景と目的

　2015年12月、中央教育審議会答申「チームとしての学校の在り方と今後の改善方策について」（以下、「チーム学校答申」）によって、子どもに「生きる力」を定着させ得る「チーム学校」のあり方が示された。このうち、校内チームに関して特筆されることは、学校事務職員（以下、「事務職員」）が学校運営事務に関する専門性を有しているほぼ唯一の職員と位置付けられ、「より広い視点に立って、副校長・教頭とともに校長を学校経営面から補佐」する、「教育活動の推進のために学校の予算や施設管理等に精通した事務職員が大きな力を発揮」するといった新たな役割の期待が付与されたことである。

投稿論文（研究論文）

チーム学校答申を受け、2017年4月の学校教育法一部改正により、事務職員は、「事務に従事する」から「事務をつかさどる」と改められた（第37条第14項）。このように事務職員は、これまでよりも多様でかつ高度な業務に従事しながら、チーム学校の一員としてその専門性を発揮していくことが強く要請されている。

　そこで、チーム学校の実現あるいは学校経営における事務職員の役割に関する研究を概観してみる。まず理論研究として、加藤（2016）は、チーム学校をめぐる政策動向における学校事務及び事務職員の諸問題に関する議論を論じる中で、事務職員の果たす役割や機能の拡大と多様化を指摘する。福島（2016）は、学校事務及び事務職員の課題を「組織力」として、事務職員「個人」の力量形成や「組織力」を高める場づくりの重要性と実践研究コミュニティ拡大の重要性を指摘した。末冨（2016）は、子どもの貧困対策における「学校プラットフォーム」を取り上げ、事務職員に期待される役割として、①保護者・連携機関や専門職間の協働（つながり）を作るマネジメント職としての役割、②就学援助の捕捉率向上及び自治体の就学支援援助制度改善などの財務専門職としての役割、③どの子どもに対しても居場所となる学校を教員とともに作り上げる教育職としての役割の３つを挙げる。佐久間（2016）は、地域と学校がコミュニティ・スクールを核に「チーム」を組んでいく際に生じる学校事務を考察し、学校事務は、学校内外との連絡調整や情報発信など「人々とのつながり」が重要になると指摘しており、川口（2016）は、事務職員が学校管理職との関わりの中で行う意思決定が、それまでの個業的なものではなく、創造的で協働的なものになるという意思決定の「高度化」について言及している。

　ついで、実証ないし調査研究について、国立教育政策研究所（2015）は、小中学校の事務職員を対象とする質問紙調査データに基づき、自身の「資質・能力習得度」と「資質・能力必要度」、「職務満足度」、「職務実態」等を明らかにしている。この調査では、①事務職員の職務の再定義を実施しているとしても「共同実施」による職務の見直しに多くが留まっており、必ずしも事務職員の職務拡大にはつながっていない。②再定義の実施の有無に関わらず、事務職員には「学校全体を見渡し問題を発見し解決する思考力」、「教育委員会、保護者・地域などと渉外・交渉・連携する力」、「事務室・共同実施組織でチームとして成果を出す力」、「学校教育目標・教育課程を踏まえた仕事を遂行する力」、「危機管理に関する知識」等の資質・能力が、今後特に求められることを明らかにした。

　また、国立教育政策研究所（2016）は、小中学校の副校長・教頭を対象とする質問紙調査データに基づき、事務職員による副校長・教頭の補佐体制という視点から、事務職員の行動に対する副校長らの認識を明らかにしている。その結果、「適正な事務処理が行われているという安心感を与えてくれている」、「学校への来客・電話対応が丁寧である」、「臨機応変に対応してくれている」、「教員の働きやすい環境整備に貢献してくれている」、「行政職員として校長・副校長・教頭に適切に情報提供・具申をしてくれている」が上位５項目として挙げられている。

　最後に、国立教育政策研究所（2017）は、小中学校の校長を対象とする質問紙調査データに基づき、事務職員による校長の補佐体制という視点から、事務職員の行動に対する校長の認識を明らかにしている。その結果、上記の国立教育政策研究所（2016）の上位５項目のうちの上位４項目と共通した項目と、「自分の仕事を線引きせず、できることは積極的に担当してくれている」が挙げられている。

　このほか、熊丸（2016）は、A県の公立小・中学校の事務職員を対象に、管理職による事務職員への支援的行動のうち、「意見を求められる」頻度の認識を調査した。その結果、①施設や設備、表簿の管理や人事・予算に関しては意見を求められると認識していること、②児童生

51

表1　調査票の構成

校長調査	事務職員調査
1．基本属性（個人、現任校）	1．基本属性（個人、現任校）
2．「チーム学校」の実現	2．「チーム学校」の実現
3．組織風土・組織文化	3．組織風土・組織文化
4．自身のリーダー行動	4．校長のリーダー行動
5．学校に対する関係機関・関係者からの支援	5．学校に対する関係機関・関係者からの支援
6．事務職員の役割・担当	6．現任校における役割・担当
7．事務職員に対する対人関係上の期待	7．校長からの対人関係上の期待
8．事務職員に対する支援	8．校長からの支援
	9．職務満足
9．「チーム学校」実現のための事務職員に対する期待（自由記述）	10．「チーム学校」実現のための自身の役割（自由記述）

徒への指導や効果的な教育活動の展開、特色ある教育課程の編成などについて管理職から意見を求められるほど、「学校経営」に貢献できていると認識していることを明らかにした。また、熊丸（2019）は、事務職員の経験年数が短いほど自らの能力を否定的に捉えたり、同僚からの干渉に負担感を感じていたりすることを明らかにしている。

　以上の研究状況を踏まえると、事務職員に期待される役割や行動といった職務態様に関する調査研究の蓄積は一定程度あるものの、管理職と事務職員の両者を対象にした調査データに基づき、チーム学校の実現と事務職員の職務態様との関連を明らかにした調査研究は、管見の限り見当たらない。

　そこで、本稿では、校長と事務職員を対象とする質問紙調査データの分析を通して、チーム学校の実現及び事務職員の職務態様に関する実態とチーム学校の実現に対する関連・影響要因を明らかにし、事務職員の専門性を活かすことができるチーム学校のあり方について検討する。

2．研究の方法

(1)　調査対象と方法

　調査対象自治体は、調査の実現可能性の観点から、筆者らと研究・実践面でのかかわりが深い3県（東北地方のA県、中国地方のB県・C県）を対象とした。次いで、研究予算との兼ね合いから、各県の全公立小・中学校のうち、各県50％の学校（3県計526校）を無作為抽出し

表2　調査票の配布数、有効回収数、有効回収率

	全体		A県		B県		C県	
	校長	事務職員	校長	事務職員	校長	事務職員	校長	事務職員
配布数	526	526	170	170	88	88	268	268
有効回収数	267	300	87	103	49	56	131	140
有効回収率（全体）	50.7% (53.8%)	57.0%	51.1% (55.8%)	60.5%	55.6% (59.6%)	63.6%	48.8% (50.5%)	52.2%

表3　回答者及び勤務校の基本属性

			校長		事務職員	
			実数	比率	実数	比率
1．性別	男性		231	86.8%	71	23.7%
	女性		35	13.2%	229	76.3%
2．職歴	教員		264	99.2%	—	
	教育委員会		133	50.0%		
	首長部局		6	2.3%		
	民間		3	1.1%		
3．職位等	事務長級		—		25	8.5%
	主幹級				86	29.2%
	主任級				61	20.7%
	主事級				81	27.5%
	その他				42	14.2%
4．学校種	小学校		190	73.1%	201	68.6%
	中学校		70	26.9%	92	31.4%
5．事務職員数	0人		2	0.8%	0	0.0%
	1人		210	78.9%	246	82.0%
	2人		52	19.5%	53	17.7%
	3〜4人		2	0.8%	1	0.3%
6．正規採用の事務職員数	0人		20	7.6%	15	5.3%
	1人		220	84.0%	244	85.6%
	2人		22	8.4%	26	9.1%
7．学校事務共同実施	あり		191	72.9%	213	71.5%
	なし		71	27.1%	85	28.5%
8．教員数	10名以下		21	8%	15	5.0%
	11〜20名		100	37.6%	113	37.7%
	21〜30名		72	27.1%	84	28.0%
	31〜40名		41	15.4%	50	16.7%
	41〜50名		19	7.1%	20	6.7%
	51名以上		13	4.9%	18	6.0%

	平均値	標準偏差	平均値	標準偏差
9．通算経験年数	3.66	2.02	22.69	13.50
10．勤務学校数	1.63	0.67	5.63	2.96
11．現任校在職年数	1.97	1.03	2.82	1.75

註1：「2．職歴」の比率は、「ある」の選択率（分母266）である。
註2：「8．通算経験年数」「9．勤務学校数」は、校長として、あるいは、事務職員としてである。

投稿論文（研究論文）

た。調査対象校の校長宛てに、調査依頼文と校長用調査票、事務職員用調査票を送付し、校長から事務職員（複数配置の場合は、1名を選んでもらう）に調査票を渡してもらった。また、無記名及び個別返送方式を採用した。

(2) 調査概要

調査時期は2018年10月上旬～中旬であった。また、調査票の構成は、表1、配布数・回収率は、表2の通りである。

(3) 回答者・現任校の基本属性

回答者・現任校の基本属性を示したものが表3である。

3. 調査の結果

(1) チーム学校の実現及び事務職員の職務態様に関する校長―事務職員の比較分析

まず、チーム学校の実現及び学校・校長・事務職員の態様に関する校長―事務職員の比較分析の結果を示す。

①チーム学校の実現

チーム学校答申で示された「チームとしての学校像」をもとに、チーム学校の実現を尋ねた。設問文は、「貴校では、『チーム学校』が、現在どの程度、実現されていると感じておられますか。」であり、選択肢は、「1. 全く実現できていない」、「2. 実現できていない」、「3. 実現できている」、「4. 十分に実現できている」であった。

また、チーム学校を構成する要素について、チーム学校答申をもとに4要素を設定した。設問文は、「貴校では、『チーム学校』を構成する以下の項目について、現在どの程度、実現されていると感じておられますか。」であり、選択肢は、先の項目と同様であった。計5項目について、校長と事務職員の比較を行った結果が表4である。

チーム学校の実現は、校長、事務職員ともに中位点（2.5）を上回った。また、2者比較では、校長の方が事務職員より実現を有意に高く評価していた。チーム学校を構成する4つの項目については、校長・事務職員ともに全てにおいて中位点（2.5）を上回った。

校長については、「3. 各教職員の専門性・多様性を活かした連携・協働」が最も高く（2.97）、続いて「4. 教職員と専門スタッフ（スクールカウンセラー、スクールソーシャルワーカー等）の専門性・多様性を活かした連携・協働」であった（2.96）。事務職員については、「1. 校長のリーダーシップの発揮」が最も高く（2.98）、続いて「4. 教職員と専門スタッフ（スクールカウンセラー、スクールソーシャルワーカー等）の専門性・多様性を活かした連携・協働」であった（2.86）。

また、両者ともに、実現が最も低い項目が「2. カリキュラム・マネジメントの推進」であった（校長：2.67、事務職員：2.62）。2者比較では、「3. 各教職員の専門性・多様性を活かした連携・協働」は、校長の方が有意に高く、「1. 校長のリーダーシップの発揮」は、事務職員の方が有意に高く評価していた。

表4　チーム学校の実現及びチーム学校を構成する4要素の実現：校長―事務職員比較

| | 校長 | | | 事務職員 | | | t検定 |
	N.	Mean.	S. D.	N.	Mean.	S. D.	
「チーム学校」の実現	246	**2.90**	0.43	263	2.73	0.56	***
3. 各教職員の専門性・多様性を活かした連携・協働	266	**2.97**	0.47	297	2.78 ③	0.58	**
4. 教職員と専門スタッフ（スクールカウンセラー、スクールソーシャルワーカー等）の専門性・多様性を活かした連携・協働	265	**2.96**	0.63	296	2.86 ②	0.59	
1. 校長のリーダーシップの発揮	265	2.82	0.47	296	**2.98** ①	0.66	**
2. カリキュラム・マネジメントの推進	266	2.67	0.52	295	2.62 ④	0.61	

註1：選択肢は、「1. 全く実現できていない　2. 実現できていない　3. 実現できている　4. 十分に実現できている」である。
註2：項目1～4について、校長において、平均値の高い順に並べ、校長―事務職員比較において、平均値の高い方を太字・下線で示している。事務職員の平均値の右に、平均値の高い順の番号を付している。なお、項目左の番号は調査票の番号である。
註3：統計的検定結果は、***：p<0.001、**：p<0.01、*：P<0.05で示す。以下の表においても同様である。

53

②事務職員の役割・担当

　次に、事務職員の役割・担当に関する実態を取り上げる。複数の自治体における事務職員の標準的職務通知や国立教育政策研究所（2015）を参考にし、企画運営評価等、危機管理、連携・渉外、授業・研修、支援・人材情報という視点から、24項目を設定した。なお、本調査では、必ず担わなければならない役割・担当である「定型業務」については除外した。設問文は、「貴校の学校事務職員は（事務職員用では「あなたは、現在の勤務校において」）、どの程度役割を担っておられますか。」であり、選択肢は、「１．全くそうではない」、「２．そうではない」、「３．そうである」、「４．とてもそうである」であった。校長と事務職員の比較結果が表５である。

　中位点（2.5）を上回った項目は、24項目中、校長は９項目、事務職員は３項目であった。校長が高く評価していた上位３項目は、「12. 予算（財務）委員会の運営【企運評】」（3.53）、「14. 監査・検査の対応【企運評】」（3.51）、「18. 近隣学校との連携【連渉】」（3.02）であった。一方で、下位３項目は、「24. 教員の授業研究【授研】」（1.82）、「７. 学校関係者評価の結果分析【企運評】」（1.91）、「８．学校評議員会の運営【企運評】」（1.91）であった。また、事務職員が高く評価していた上位３項目は、「14. 監査・検査の対応【企運評】」（3.32）、「12. 予算（財務）委員会の運営【企運評】」（3.18）、「18. 近隣学校との連携【連渉】」（2.79）であった。一方で、下位３項目は、「７. 学校関係者評価の結果分析【企運評】」（1.60）、「６．学校関係者評価の策定【企運評】」（1.61）、「８．学校評議員会の運営【企運評】」（1.61）であった。２者比較では、１

表５　事務職員の役割・担当：校長―事務職員比較

	校長			事務職員			t検定
	N.	Mean.	S. D.	N.	Mean.	S. D.	
12. 予算（財務）委員会の運営【企運評】	262	**3.53**	0.56	297	3.18 ②	0.80	***
14. 監査・検査の対応【企運評】	262	**3.51**	0.57	297	3.32 ①	0.65	***
18. 近隣学校との連携【連渉】	262	**3.02**	0.65	296	2.79 ③	0.70	***
3. 学校の業務改善の推進【企運評】	262	**2.93**	0.62	296	2.44 ④	0.75	***
13. 校内諸規定の整備【企運評】	263	**2.68**	0.63	298	2.41 ⑤	0.78	***
22. 教材選定【授研】	262	**2.67**	0.71	297	2.23 ⑦	0.91	***
17. 地域各種機関との連携【連渉】	262	**2.64**	0.67	297	2.31 ⑥	0.76	***
1. 学校組織マネジメントの推進【企運評】	261	**2.64**	0.62	296	2.16 ⑨	0.71	***
19. 情報公開【連渉】	263	**2.52**	0.71	298	2.20 ⑧	0.78	***
10. 企画（運営）委員会の運営【企運評】	259	**2.42**	0.70	298	2.08 ⑩	0.78	***
9. 職員会議の運営【企運評】	262	**2.37**	0.62	297	2.08 ⑪	0.70	***
2. 学校経営計画の策定【企運評】	261	**2.27**	0.57	296	1.88 ⑮	0.69	***
4. 学校評価（自己評価）の策定【企運評】	262	**2.17**	0.61	298	1.91 ⑫	0.76	***
21. 学校支援ボランティアなど、外部人材の情報管理【支人】	262	**2.17**	0.70	296	1.90 ⑬	0.68	***
15. 学校安全計画の策定【危管】	263	**2.16**	0.61	296	1.88 ⑯	0.67	***
23. 教育課程編成（カリキュラム・マネジメント）【授研】	262	**2.14**	0.61	297	1.76 ⑲	0.64	***
16. 「危機管理マニュアル」の策定【危管】	261	**2.15**	0.61	296	1.80 ⑰	0.64	***
5. 学校評価（自己評価）の結果分析【企運評】	262	**2.12**	0.59	297	1.88 ⑭	0.73	***
11. 校内研修の企画【企運評】	262	**1.98**	0.54	298	1.67 ⑳	0.57	***
20. 学校だよりの作成やホームページの更新【連渉】	263	**1.97**	0.71	297	1.78 ⑱	0.73	
6. 学校関係者評価の策定【企運評】	260	**1.92**	0.54	297	1.61 ㉒	0.55	***
7. 学校関係者評価の結果分析【企運評】	259	**1.91**	0.52	298	1.60 ㉔	0.55	***
8. 学校評議員会の運営【企運評】	259	**1.91**	0.59	296	1.61 ㉓	0.60	***
24. 教員の授業研究【授研】	262	**1.82**	0.55	298	1.64 ㉑	0.58	***

註１：項目後ろの【企運評】は「企画運営評価等」、【危管】は「危機管理」、【連渉】は「連携・渉外」、【授研】は、「授業・研修」、【支人】は「支援・人材情報」という項目群を意味する。選択肢は、「１．全くそうではない　２．そうではない　３．そうである　４．とてもそうである」である。

註２：項目１～24について、校長において、平均値の高い順に並べ、校長―事務職員比較において、平均値の高い方を太字・下線で示している。事務職員の平均値の右に、平均値の高い順の番号を付している。なお、項目左の番号は調査票の番号である。

項目を除く全項目において、校長の方が有意に高く評価していた。

⑵ チーム学校及びチーム学校を構成する４要素の実現に対する関連・影響要因

次に、事務職員の職務態様の視点から、チーム学校の実現に対する関連・影響要因について検討する。ここでは、日常的に事務職員に接し、客観的立場から事務職員を見ている（評価している）と想定される校長の認識に着目し、校長データを用いる。具体的な分析手続きは、チーム学校及びチーム学校を構成する４要素の実現を被説明変数、校長及び事務職員の基本属性、校長の認識に基づく事務職員の職務態様、学校の風土・文化特性等を説明変数とする重回帰分析である。

① 説明変数

まず、説明変数について説明する。

１）校長・事務職員・現任校の基本特性

校長及び事務職員の基本特性として、個人特性については、校長の性別（男性：１、女性：０とするダミー変数）、校長通算経験年数、現任校在職年数の３変数、組織特性については、学校種（小学校：１、中学校：０とするダミー変数）、教員数、事務職員数、共同事務実施の有無（有：１、無：０とするダミー変数）の４変数である。

２）事務職員の役割・担当

事務職員の役割・担当に関する24項目に対する因子分析（主因子法、プロマックス法。なお、以下の因子分析も同様）の結果、因子１「学校経営への参画（a＝0.903）」、因子２「学校財務と学校組織マネジメント（a＝0.794）」、因子３「学校自己評価への参画（a＝0.941）」、因子４「情報の管理と発信（a＝0.726）」の４因子が抽出された。

３）事務職員の対人関係上の期待

校長による事務職員の対人関係上の期待について設定した６項目に対する因子分析の結果、因子１「同僚の教職員（a＝0.912）」、因子２「児童・生徒、保護者、地域住民（a＝0.862）」

の２因子が抽出された。

４）校長のリーダーシップ

露口（2010）、西山ら（2009）を参考として、変革的リーダーシップ、教育的リーダーシップ、支援的リーダーシップという視点から設定した校長のリーダーシップに関する９項目に対する因子分析の結果、１因子「校長のリーダーシップ（a＝0.894）」が抽出された。

５）学校の組織風土・組織文化

現任校の教職員集団の雰囲気や状況、すわなち、組織風土・組織文化について、諏訪他（2019）を参考として、開放的・一体的雰囲気、成長的・挑戦的雰囲気、校長との肯定的関係、組織成員意識という視点から設定した14項目に対する因子分析の結果、因子１「校長との肯定的関係（a＝0.900）」、因子２「成長的・挑戦的雰囲気（a＝0.799）」、因子３「開放的・一体的雰囲気（a＝0.793）」の３因子が抽出された。

６）学校に対する関係機関・関係者からの支援

学校に対する支援の主体について設定した13項目に対する因子分析の結果、因子１「保護者・地域住民・教育機関（a＝0.682）」、因子２「医療・福祉機関（a＝0.657）」、因子３「企業・NPO（a＝0.707）」、因子４「心理・福祉専門家（a＝0.655）」の４因子が抽出された。

クロンバックa値より、全因子とも内的一貫性は確保されている（因子構成項目は資料参照）。

② チーム学校及びチーム学校を構成する４要素の実現を被説明変数とする重回帰分析

重回帰分析を行うに際して、主たる説明変数以外の基本属性に関する変数群を統制した上で説明変数群の説明力を検討するために、２つのステップ（モデル）に分けて実行する階層的重回帰分析（強制投入法）を採用した。モデル１は、回答者の基本属性等に関する変数である「校長・事務職員・現任校の基本特性に関する変数」のみを投入した。モデル２は、「校長・事務職員・現任校の基本特性に関する変数」を統制し、事務職員の職務態様及び現任校の特性に

対する回答者の主観的評価に関する変数である「事務職員の職務態様及び現任校の特性に関する変数」を投入した。チーム学校の実現とチーム学校を構成する4要素を被説明変数とした分析結果を表6に示す。表には、統計的有意性が認められた値を表示している。また、有意性が認められるものの、理論的な説明が困難な値は表示していない。なお、多重共線性については、認められない（VIF<04.00）。

1）チーム学校の実現

　まず、チーム学校の実現について、モデル1では、事務職員数が10％水準で有意である。モデル2では、「成長的・挑戦的雰囲気」が1％水準、「同僚の教職員」が5％水準、「情報の管理と発信」、「校長との肯定的関係」が10％水準で有意である。以上の結果から、チーム学校の実現については、事務職員数（の多さ）、事務職員の対人関係上の期待としての「同僚の教職員」、事務職員の役割・分担としての「情報の管理と発信」、学校の組織風土・文化としての「校長との肯定的関係」が正の影響を及ぼしていることが分かる。

2）チーム学校を構成する4要素の実現

　次に、チーム学校を構成する4要素の実現の状況について見ていく。

a．校長のリーダーシップの発揮

　校長のリーダーシップの発揮について、モデル1では、有意な影響を示す変数はない。モデル2では、学校種が10％水準、「校長のリーダーシップ」が0.1％水準、「情報の管理と発信」が5％水準、「校長との肯定的関係」が10％水準で有意である。以上の結果から、校長のリーダーシップについては、「学校種（中学校）」、「校長のリーダーシップ」、事務職員の役割・分担としての「情報の管理と発信」、現任校の組織風土・組織文化としての「校長との肯定的関係」が正の影響を及ぼしていることが分かる。

b．カリキュラム・マネジメントの推進

　カリキュラム・マネジメントの推進について、モデル1では、「学校種（中学校）」が5％水準で有意である。モデル2では、「学校種（中学校）」が10％水準、「校長のリーダーシップ」が0.1％水準、「情報の管理と発信」が5％水準で有意である。以上の結果から、カリキュラム・マネジメントの推進については、「学校種（中学校）」、「校長のリーダーシップ」、「情報の管理と発信」が影響を及ぼしていることが分かる。

c．各教職員の専門性・多様性を活かした連携・協働

　各教職員の専門性・多様性を活かした連携・協働について、モデル1では、「学校種（中学校）」が10％で有意である。モデル2では、「成長的・挑戦的雰囲気」が0.1％水準、「医療・福祉機関」が1％水準、「学校財務と学校組織マネジメント」、「校長のリーダーシップ」が5％水準で有意である。以上の結果から、各教職員の専門性・多様性を活かした連携・協働については、「学校種（中学校）」、現任校の組織風土・組織文化としての「成長的・挑戦的雰囲気」、学校に対する関係機関・関係者からの支援としての「医療・福祉機関」、事務職員としての役割・期待としての「学校財務と学校組織マネジメント」、「校長のリーダーシップ」が影響を及ぼしていることが分かる。

d．教職員と専門スタッフの専門性・多様性を活かした連携・協働

　教職員と専門スタッフの専門性・多様性を活かした連携・協働について、モデル1では、有意な影響を示す変数はない。モデル2では、「校長との肯定的関係」、「心理・福祉専門家」が0.1％水準、「医療・福祉機関」が5％水準で有意である。

　以上の結果から、教職員と専門スタッフの専門性・多様性を活かした連携・協働については、現任校の組織風土・組織文化としての「成長的・挑戦的雰囲気」、学校に対する関係機関・関係者からの支援としての「心理・福祉専門家」と「医療・福祉機関」が正の影響を及ぼしていることが分かる。

投稿論文（研究論文）

表6　チーム学校及びチーム学校を構成する4要素の実現を被説明変数とする重回帰分析

	チーム学校の実現				1. 校長のリーダーシップの発揮				2. カリキュラム・マネジメントの推進				3. 各教職員の専門性・多様性を活かした連携・協働				4. 教職員と専門スタッフ（スクールカウンセラー、スクールソーシャルワーカー等）の専門性・多様性を活かした連携・協働			
	モデル1		モデル2		モデル1		モデル2		モデル1		モデル2		モデル1		モデル2		モデル1		モデル2	
	β	検定	β	検定	β	検定	β	検定	β	検定	β	検定	β	検定	β	検定	β	検定	β	検定
〈校長・事務職員・現任校の基本特性〉																				
性別（ダミー）	0.145	+																		
校長通算経験年数																				
現任校在職年数																				
学校種（ダミー）							-0.089	+	-0.145	*	-0.100	+	-0.117	+						
全教員数																				
事務職員数																				
学校事務共同実施（ダミー）																				
〈事務職員の職務態様及び現認校の特性〉																				
学校事務職員の役割　因子1「学校経営への参画」																				
学校事務職員の役割　因子2「学校財務と学校組織マネジメント」																				
学校事務職員の役割　因子3「学校自己評価への参画」			0.139	+																
学校事務職員の役割　因子4「情報の管理と発信」			0.211	*																
学校事務職員の対人関係上の期待　因子1「同僚の教職員」																				
学校事務職員の対人関係上の期待　因子2「子ども・保護者・地域住民」							0.149	*			0.159	*			0.133	*				
校長のリーダーシップ　因子「校長のリーダーシップ」							0.487	***			0.399	***			0.228	*				
組織風土・組織文化　因子1「校長との肯定的関係」			0.184	+			0.171	+				+			0.390	***			0.297	***
組織風土・組織文化　因子2「成長的・挑戦的雰囲気」			0.247	**																
組織風土・組織文化　因子3「開放的・一体的雰囲気」																				
学校に対する関係機関・関係者からの支援　因子1「保護者・地域住民・教育機関」															0.206	**			0.131	*
学校に対する関係機関・関係者からの支援　因子2「医療・福祉機関」																				
学校に対する関係機関・関係者からの支援　因子3「企業・NPO」																				
学校に対する関係機関・関係者からの支援　因子4「心理・福祉専門家」																			0.276	***
調整済みR2乗	0.021		0.379		0.052		0.543		0.054		0.399		0.042		0.456		0.045		0.359	

註1：性別は、男＝1・女性＝0、学校種は、小学校＝1・中学校＝0、共同事務実施の有無は、有：1・無：0としてダミー変数に投入した。強制投入法。βは標準偏回帰係数。
註2：有意性検定は*** : p<0.001、** : p<0.01、* : p<0.05、+ : p<0.10を意味する。
註3：全モデルにおいて、VIF＜4.00であった。

4. 考察と今後の課題

　本稿の目的は、校長と事務職員を対象とする質問紙調査データの分析を通して、チーム学校の実現及び事務職員の職務態様に関する実態とチーム学校の実現に対する関連・影響要因を明らかにした上で、事務職員の専門性が活かせるチーム学校のあり方について検討することであった。以下では、調査結果の分析によって得られた知見を整理し、考察を加える。

(1) チーム学校の実現及び事務職員の職務態様に関する校長—事務職員の比較分析

　チーム学校の実現及び事務職員の職務態様に関する校長—事務職員の比較分析として、まず、チーム学校の実現の実態分析を行った結果、チーム学校の実現状況は、校長・事務職員ともに肯定的に捉える中、特に、校長の方が事務職員より有意に高い評価をしていた。また、チーム学校を構成する要素項目ごとに見ると、「校長のリーダーシップの発揮」、「各教職員の専門性・多様性を活かした連携・協働」、「教職員と専門スタッフ（スクールカウンセラー、スクールソーシャルワーカー等）の専門性・多様性を活かした連携・協働」については、比較的推進されている現状が明らかとなった。一方、「カリキュラム・マネジメントの推進」は、校長、事務職員ともに相対的に評価の低いことから、未だ推進途上にあると考えられる。

　次に、事務職員の役割・担当に対する両者の認識を分析した結果、校長は、「予算（財務）委員会の運営」、「監査・検査の対応」、「近隣学校との連携」等について高い期待を有していた。事務職員も「監査・検査の対応」、「予算（財務）委員会の運営」、「近隣学校との連携」等について役割を遂行していると自己評価しており、2者間での共通性が確認された。校長としては、事務職員の財務に関する専門性を活かし、近隣学校との連携をきっかけに地域との連携を推進すべく事務職員によるコーディネーター的役割を期待しているとともに、事務職員としては、財務にとどまらず、近隣学校との連携をきっかけに地域との連携を推進することを役割として自覚している（しようとしている）実態が推察される。

(2) チーム学校及びチーム学校を構成する4要素の実現に対する関連・影響要因

　次に、事務職員の職務態様の視点から、チーム学校の実現に対する関連・影響要因の分析（階層的重回帰分析）を行った結果、「校長との肯定的関係」や「成長的・挑戦的雰囲気」といった組織風土・組織文化がある学校ほど、また、事務職員の役割として「情報の管理と発信」を担うことや、事務職員の対人関係において「同僚の教職員」と関わることを期待している学校ほど、チーム学校の実現が進展していることが明らかになった。「校長との肯定的関係」、「成長的・挑戦的雰囲気」といった組織風土・組織文化の重要性については、組織の構成員としての教職員が、管理職との肯定的関係を基盤に職務を通じた同僚教職員間の協働関係、また、自らの力量を高めることが肯定的に受け止められる職場の雰囲気、または、環境醸成の重要性が示唆される。

　事務職員の職務態様にかかわる観点に着目すると、事務職員が「同僚の教職員」と積極的にかかわることによって、教職員が子どもたちのために日々どのような教育活動に従事しているか、それらをより充実させるためには何が必要であるかを理解し把握した上で、「情報の管理と発信」を担うことが、チーム学校の実現における基盤になると推察される。

　次に、チーム学校を構成する4要素に対する関連・影響要因の分析を行った結果について考察する。

　第一に、校長のリーダーシップについて、「校長との肯定的関係」といった組織風土・組織文化が醸成されている学校ほど、校長のリーダーシップが発揮されていた。想像に難くない結果ではあるが、校長は教職員との間で信頼関係を構築することによって、リーダーシップを発揮

し得ることが確認されたと言えよう。また、事務職員が「情報の管理と発信」を担うことが、校長のリーダーシップ発揮を下支えする可能性があることも示唆された。

第二に、カリキュラム・マネジメントについて、小学校よりも中学校において、より推進されていることが明らかになった。そして、校長のリーダーシップが発揮されているほど、また、事務職員の役割として「情報の管理と発信」を担うことが期待されているほど、カリキュラム・マネジメントは進展している。特に後者については、前述したように、教職員が子どもたちのために日々どのような教育活動等に従事しているか、それらをより充実させるためには何が必要であるかを理解し把握した上で、「情報の管理と発信」を事務職員が担うことと有意性があるということは、カリキュラム・マネジメントに事務職員が関与する意義を見出すことができると言えよう。つまり、多様な教育資源の把握・発掘や教育成果の発信等は、カリキュラム・マネジメント（特に、「教育内容と、教育活動に必要な人的・物的資源等を地域等の外部の資源も含めて活用しながら効果的に組み合わせること」（中教審「幼稚園、小学校、中学校、高等学校及び特別支援学校の学習指導要領等の改善及び必要な方策等について（答申）」、2016年12月））の一部を成すものであり、事務職員の担う役割の可能性として確認され得る。

第三に、各教職員の専門性・多様性を活かした連携・協働について、小学校よりも中学校で進展していた。また、事務職員が「学校財務と学校組織マネジメント」を担うことが期待されているほど、各教職員の専門性・多様性を活かした連携・協働について進展している実態が看取された。各教職員の専門性・多様性を活かすために、組織や組織構成員の強みと弱みを把握し、その能力や資源を開発・活用していく営みに事務職員が参画することの意義を見出すことができよう。加えて、「成長的・挑戦的雰囲気」といった組織風土・組織文化についても有意で

あったことから、組織の各構成員が職務を通じて協働し、自らの力量を高めようと努められる環境の醸成が重要であることが示唆される。

第四に、教職員と専門スタッフの専門性・多様性を活かした連携・協働について、小学校よりも中学校において、医療・福祉機関や心理・福祉の専門家からの支援を受けている学校ほど、教職員と専門スタッフの専門性・多様性を活かした連携・協働は進展していることが分かった。当然の結果とも言えようが、学校外の専門機関・専門家との連携・協働に基づく広義のチーム学校の実現を目指すにあたり、理念レベルにとどまらない実践レベルでの関係構築を進めることの重要性が示唆される。

(3) チーム学校の実現における事務職員のあり方と今後の課題

最後にこれまでの考察を踏まえて、チーム学校の実現における事務職員のあり方について2点、示唆を述べたい。第一に、学校種による事務職員のあり方を追究していくことである。なぜならば、4(2)の第2～第4の点でみたように、中学校の方が小学校よりも実現されているという結果であった。それは、小学校の学級担任制においては校長や事務職員には、実態が見えにくいのかもしれないし、あるいは、学級担任制ゆえに実現させることが困難であるのかもしれない。学校種による事務職員の職務態様の違いに迫ることも求められる。第二に、事務職員の情報管理・発信の充実・深化が要請されることである。先述したように、チーム学校全体、また、カリキュラム・マネジメントにおいて、「情報の管理と発信」を事務職員が担うことは有意性がみられた。国立教育政策研究所（2016）において「行政職員として校長・副校長・教頭に適切に情報提供・具申をしてくれている」が上位5項目の中でも挙げられていたように、事務職員だからこそ獲得できる校内外からの情報は、管理職も欲しており、カリキュラム・マネジメントにも大いに活かせるであろう。つまり、「情報マネージャー」とでもいうべき、事務

職員のさらなる職務が期待される。特に校内情報にかかわっては、「同僚の教職員」とコミュニケーションを取りながら、教育（活動）をめぐる会話や議論が展開されると、質の高い情報を管理職に提供でき、発信も精度の高いものになるといえよう。

　最後に本研究の限界と今後の研究課題を述べる。第一は、今回は、県別比較に至っていない点である。県別に見た場合のサンプル数の少なさという課題を克服しつつ、事務職員の置かれた状況や文脈が一様ではないことが想定され得る３県間の異同点を析出する必要がある。第二は、研究倫理及び回収数確保の観点から同一校における両者の紐づけを行っていないことから、校長―事務職員の意識の異同に基づく諸分析が実施できなかった点である。この点を明らかにするためにも、今後の調査実施に当たって調査法の工夫・改善が必要である。第三は、チーム学校の実現に対する関連・影響要因の一端は示せたものの、要因間の関連や経路についての分析に至っていない。今後は、パス解析等により、その点にアプローチする必要がある。第四は、上記第１～３の課題をはじめとする量的データ分析の限界である。その限界を補完するために、３県の校長と事務職員に対するインタビュー調査や学校での参与観察等の質的調査を行う必要がある。各自治体の特性・条件性・文脈といった個別性・特殊性に即した質的分析を進めた上で、量的データの詳細分析結果と合わせて、本研究課題に迫っていきたい。

〈引用・参考文献〉
・加藤崇英（2016）「『チーム学校』をめぐる政策動向と学校事務職員の位置づけ」『日本教育事務学会年報』第３号、pp.44-47。
・川口有美子（2016）「学校管理職とどう『チーム』を組んでいくのか」『日本教育事務学会年報』第３号、pp.36-42。
・熊丸真太郎（2016）「学校事務職員の学校経営への参画を促す支援的行動」『島根大学教育学部紀要』第50巻、pp.93-103。

・熊丸真太郎（2019）「学校事務職員はどのような職務意識を抱いているのか―職務負担感に焦点を当てて―」島根大学教職大学院紀要『学校教育実践研究』第２巻、pp.1-10。
・国立教育政策研究所（2015）『小中学校の学校事務職員の職務と専門的力量に関する調査報告書』。
・国立教育政策研究所（2016）『副校長・教頭の職務状況に関する調査報告書』。
・国立教育政策研究所（2017）『学校組織全体の総合力を高める教職員配置とマネジメントに関する調査研究報告書』。
・佐久間邦友（2016）「コミュニティ・スクールとこれからの学校事務」『日本教育事務学会年報』第３号、pp.29-35。
・末冨芳（2016）「チーム学校と学校事務」『日本教育事務学会年報』第３号、pp.23-28。
・諏訪英広・髙谷哲也・湯藤定宗・林孝（2019）「教員評価制度における成果報酬に連動した勤務評価に関する調査研究―被評価者の『納得度』を中心として―」『兵庫教育大学研究紀要』第54巻、pp.173-185。
・露口健司（2010）「スクールリーダーシップの行動論的／解釈的論アプローチ―校長の教育的リーダーシップを事例をとして―」小島弘道他著『スクールリーダーシップ』学文社、pp.97-112。
・西山久子・淵上克義・迫田裕子（2009）「学校における教育相談活動の定着に影響を及ぼす諸要因の相互関連性に関する実証的研究」『教育心理学研究』第57巻、pp.99-110。
・福島正行（2016）「『チーム学校』を学校事務としてどう支えるか」『日本教育事務学会年報』第３号、pp.16-22。

〈付記〉
　本研究の実施にあたり、ご多忙の中、調査にご協力くださった皆様にお礼申し上げたい。なお、本研究は、平成30年度公益財団法人日本教育公務員弘済会本部奨励金（研究代表者：川口有美子）の助成を受け、実施されたものである。

〈資料〉因子構成項目一覧

1．事務職員の役割・担当
因子1　学校経営への参画（α＝0.903）
7．学校関係者評価の結果分析
6．学校関係者評価の策定
8．学校評議員会の運営
24．教員の授業研究
23．教育課程編成（カリキュラム・マネジメント）
16．「危機管理マニュアル」の策定
11．校内研修の企画
15．学校安全計画の策定
2．学校経営計画の策定
因子2　学校財務と学校組織マネジメント（α＝0.794）
12．予算（財務）委員会の運営
14．監査・検査の対応
3．学校の業務改善の推進
13．校内諸規定の整備
1．学校組織マネジメントの推進
18．近隣学校との連携
因子3　学校自己評価への参画（α＝0.941）
5．学校評価（自己評価）の結果分析
4．学校評価（自己評価）の策定
因子4　情報の管理と発信（α＝0.726）
20．学校だよりの作成やホームページの更新
19．情報公開
21．学校支援ボランティアなど、外部人材の情報管理

2．事務職員の対人関係上の期待
因子1　同僚の教職員（α＝0.912）
4．副校長・教頭
2．教員
3．校長
因子2　児童・生徒，保護者，地域（α＝0.862）
6．地域の方々
5．保護者
1．児童・生徒

3．校長のリーダーシップ
因子1　校長のリーダーシップ（α＝0.894）
9．教職員が努力し実現したくなるようなビジョンやグランドデザインを示している。
4．自ら率先して行動することによって、教職員を導いている。
8．児童生徒、保護者、職員に対して日々貢献している。
6．教職員に対して、「今、なすべきことは何か」等を考えさせ、刺激を与えている。

3．校内研修等の機会を通して、教員に対して積極的に指導・助言を行っている。
7．教職員の話に真摯に耳を傾けている。
2．教職員の努力や成果を認め、褒めている。
1．学校教育目標をカリキュラムに明確に反映させている
5．現状維持を好まず、常に新しいことに挑戦することを求めている。

4．学校の組織風土・組織文化
因子1　校長との肯定的関係（α＝0.900）
11．必要な時に校長がサポートしてくれると感じている。
12．校長と話すと前向きに頑張ってみようという気になる。
9．校長をよきリーダーとして認識している。
10．校長と教職員との間のコミュニケーションは良いと感じている。
因子2　成長的・挑戦的雰囲気（α＝0.799）
8．自分の職務を自己評価し、次の仕事に活かす。
5．新たな課題や問題に挑戦する。
6．自らの知識技能を積極的に伸ばす。
13．学校教育目標は、「大切なもの」と認識されている。
7．子どものために役立ちたい。
14．各教員の能力・適性に応じて仕事や分掌が適正に割り当てられている。
因子3　開放的・一体的雰囲気（α＝0.793）
2．仕事・教育活動について気軽に相談できる。
1．個人的な悩みなどを相談できる。
4．各自の意見を自由に交換できる。

5．学校に対する関係機関・関係者からの支援
因子1　保護者・地域住民・教育機関（α＝0.682）
4．保護者
5．地域住民
1．教育委員会
2．近隣学校園
因子2　医療・福祉機関（α＝0.657）
7．福祉機関
6．外部の指導者・専門家
9．医療機関
因子3　企業・NPO（α＝0.707）
13．民間企業
12．NPO
因子4　心理・福祉専門家（α＝0.655）
8．スクールソーシャルワーカー
10．スクールカウンセラー

ABSTRACT

A study of the Relationship between the Understanding of the Team School and the Work Style of the School's Administrative Staff: From the Survey of Principals and Schools' Administrative Staff

KAWAGUCHI Yumiko (Tottori University of Environmental Studies)
SUWA Hidehiro (Hyogo University of Teacher Education)
SAKUMA Kunitomo (Nihon University)

This paper aims to clarify the relationship between the ideas of the staff in the team school and the work style of the school's administrative staff, using the survey of principals and the school's administrative staff, and to examine how the expertise of the school's administrative staff is used for the team school.

The analysis shows that there are several points that would help to develop the understanding of the team school: the more there is a climate and culture of organization, the more there will be a positive relationship with the principal and a growing atmosphere of challenge; information management needs to be correctly transmitted by the school's administrative staff; and there is an expectation that the school's administrative staff interact more with other colleagues at school.

The survey suggests a different approach to the work style of the school's administrative staff between elementary school and junior high school, and an enhancement and deepening of information management and transmission by the school's administrative staff, and an expectation on the part of the school's administrative staff to improve their work as "information managers."

Keywords : **team school, principal, school's administrative staff, information management and transmission, colleagues at school**

投稿（実践レポート）

県教育委員会として学校事務職員の業務の質の
向上につなげる施策はいかにあるべきか

What the Akita Prefectural Board of Education should do to improve
the work quality of general school staff

嶋田真一（秋田県教育庁義務教育課）

1．はじめに

　平成29年3月の学校教育法改正により、学校事務職員の職務規程がこれまでの「事務に従事する」から「事務をつかさどる」へと変わった。加えて、教員の働き方改革の推進や新しい学習指導要領への移行と情勢が変化する中において、今まさに、学校事務職員は国民の期待に応えるべく、業務の質の向上を図りつつ、学校の教育力向上に向けた取組を加速することが求められている。

　本稿では、県教育委員会として、現場の学校事務職員の業務の質の向上につなげる施策とはいかにあるべきか、本県のこれまでの取組を紹介しながら提言を行いたい。

2．本県教育委員会の現状

　本県教育委員会では、平成15年度の学校事務採用試験廃止から16年が経過し、学校事務職員の意識改革・資質向上を目指した知事部局との一括採用方式は、学校を取り巻く環境の変化や「チーム学校」の推進において求められる職員の専門性向上といった教育行政ニーズに対応できなくなってきており、時代のニーズに対応した人材を計画的に育成し、確保していくことが大きな課題となっている。そのため、平成29年10月、庁内に「学校の事務のあり方に関する検討WG」（以下WGと表記）を設置して課題解決に向けた検討が重ねられた。結果は、平成30年

3月に取りまとめられたのち、同年9月に秋田県議会に報告している。

　WGでは、①学校事務職員の任用の在り方、②学校事務職員の標準職務の設定及び研修、③学校事務の機能強化、④その他必要な事項の以上4点について検討を実施した。検討を行う中で、学校・教育委員会に勤務する職員1,498人を対象にアンケートを実施し基礎資料としている。結果をみると、現行採用のメリットと思われていた『知事部局の経験から、学校事務に新たな視点が生まれた』とする回答は30％にとどまっているほか、『現行の異動サイクルでは専門職は育たない』との回答は約半数となった（図1および図2）。また、『学校事務の採用区分の復活は必要だ』とする回答は57％に上り、現行の知事部局との一括採用方式での人事交流よりも、学校事務の採用区分を復活させ、学校事務職員としての配置を望む声が多くあった（図3）。

　WG報告書では、①学校事務職員の任用の在り方については、知事部局との人事交流を継続しつつも、令和2年度からは「学校事務」区分で職員を採用することとし、②学校事務職員の標準職務の設定及び研修については、学校事務職員の意識の向上や校長のリーダーシップの下で学校事務職員が自発的かつ継続的に事務改善に取り組むことを期待し、標準的な職務内容を示すこととした。加えて、学校事務職員の研修

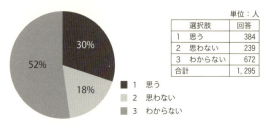

図1 『知事部局の経験から、学校事務に新たな視点が生まれた』

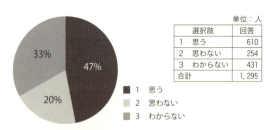

図2 『現行の異動サイクルでは専門職は育たない』

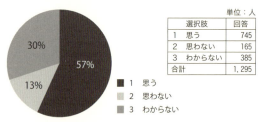

図3 『学校事務の採用区分の復活は必要だと思うか』

については、ライフステージや職務に応じた体系的な研修が構築されているとはいえない現状を踏まえ、研修内容及び研修の実施計画の検討を行うこととした。③学校事務の機能強化については、事務処理の効率化や質の向上、ミス・不正防止等において大きな効果が見られる学校の共同実施を今後はさらに、教員の事務負担軽減や学校事務職員の学校運営の支援・参画の拡大につなげていくための場とする方策を検討することが明記された。

3．WG報告書を受けてのその後

　県教育委員会としては、WG報告書を受けて、平成30年度下半期よりできることから順次着手を始めている。まず、①学校事務職員の任用の在り方については、大卒程度を「教育行政」、短大・高卒程度を「教育事務」として採用試験を実施することになり、県人事委員会にて採用選考が進められている。

　②のうち、学校事務職員の標準職務の設定については、平成31年3月4日付けで市町村教育委員会に対し「市町村立小・中学校、義務教育学校事務職員の標準的職務一覧表について（通知）」を発出した（表1）。

　今回の標準的職務一覧表の特徴は、平成29年度の学校教育法改正を踏まえ、学校の組織運営体制の強化につながるよう、学校事務職員が参画する職務を「校務運営」とし、主体的・積極的に参画できる環境を整えることに重きを置いたものとした。なお、一部の職員団体からは、他県での通知状況を踏まえ、共同実施における標準的職務一覧表を求める声もあったが、共同実施はあくまでツールであり、最終的には個々の学校、個々の学校事務職員の職務に帰属する

表1　標準的職務一覧表

（表省略）

という考えから、策定は行わなかった。

また、②のうち研修については、共同実施を束ねるグループリーダーの負担感の増大が顕在化し、その解消が喫緊の課題であることから、令和元年6月に、県教育委員会が主催して、グループリーダー研修会を実施した（悉皆研修、旅費別枠配分）。

③学校事務の機能強化については、管理職である統括事務長を、共同実施のグループリーダーとして配置をスタートさせた。これは、複数配置である自校の部下職員の管理監督の他、共同実施各校の学校事務職員の業務進捗管理、さらに同一地域にある他の共同実施グループリーダーとの連携の強化を図ることで、より広域圏における課題の解決を目指そうとするモデル的な取組といえよう。

また、共同実施における取組成果という点では、従来それぞれの各市町村内だけで共有するにとどまり、県内全域で見れば地域間で温度差が生じていたことも課題の一つである。研修会等における先進事例の紹介や、各教育事務所の担当者が市町村教育委員会とともに共同実施に対して必要な支援ができるよう、県教育委員会内部における組織体制の強化を進めている。

4. 業務の質の向上につなげるために

ここからは、県教育委員会として、現場の学校事務職員の業務の質の向上に有効であると思われる施策を4点述べていきたい。

1点目は、県教育委員会の人材育成に関わる担当者は現場をよく知る学校事務職員の中から登用することを是非お勧めしたい。

これは私自身が学校事務職員であるが故の提案である。学校を取り巻く環境とりわけ学校事務職員の置かれている状況をよく知る身であるからこそそのメリットは非常に大きく、対外的に協力を要請する際や、財政当局と折衝する際など様々なシチュエーションにおいて、当事者であることが説得力に差を生む。

2点目は、標準的職務通知による職務内容の

表2　職務に関するアンケート結果（抜粋）

事務職員が担当している割合%

内容	地区A	地区B	地区C	地区D	地区E
学校基本調査	0.0	97.7	100.0	92.6	100.0
教科書事務	100.0	15.9	34.6	100.0	100.0
体験学習等予算	83.3	90.9	50.0	22.2	58.3

明確化である。WGにおいては、学校事務職員の新たな役割へ対応するための職務の整理が必要と指摘されており、その有効性について国立教育政策所（2015）では、標準的職務通知で学校事務職員の職務内容について明確にすることは、学校における学校事務職員の役割を量的にも質的にも拡大させ、学校事務職員の意識をポジティブなものに変化させる可能性があるとしている。また、県内では、以前から職務に関する地域差が存在することで、事務の平準化が図られていない実態が見られた（表2）。標準的職務通知によって、各学校における校務分掌の不均衡等が是正されることで、教員がそれぞれの専門性を発揮できるようになれば、学校教育力は確実に向上していくのではないかと考えている。

3点目は、任命権者研修制度を確立することである。本県教育委員会では、これまでの一括採用の影響で、平成16年度からの採用者は知事部局に籍を置く職員であることから、知事部局における研修を受講するが、もともとの学校事務採用職員は研修制度そのものが存在しないため、キャリアステージに応じた研修を受講できない。任命権者研修は、個々の職員の能力と、標準的職務との差を埋めるという重要な意味を持つものであることから、業務の質の向上のためには、必要不可欠なものである。

また、本県は、任命権者研修とは別に、知事部局職員であるか否かにかかわらず、希望する者は誰でも県自治研修所による能力開発研修の受講が認められている（表3）。県教育委員会としては、既存の研修機会を最大限生かし、校務運営に積極的に参画していくために必要なスキルを身につけることができるよう受講を推奨し

表3　能力開発研修（抜粋）

能力・行動／科目名	一般職員（県：主事・技師・主任）（市町村：主事・技師・主任級）							
	知識・技能	理解	工夫	判断	説明	責任	向上	協調
行政法基礎	◎							
民法基礎	◎							
業務に役立つ法令の読み方【地区別】	◎	○						
論理的思考で理解力アップ		◎			○			○
データの見方・活かし方【地区別】	○	◎						
業務理解力向上		◎	○				○	
段取り力向上			◎	○				
柔らか頭のアイデア発想法			◎	○				
異文化理解とコミュニケーション			○	◎	○		○	
行政職員のための実用文章作成	○					◎		
情報発信力強化	○					◎		

表4　取組の決定に重視するポイント

区分	組織数（箇所）	比率(%)
①指針の目的(1)資質向上	32	91.4
②指針の目的(2)教員の事務負担の軽減	17	48.6
③最喫緊と思われる課題	13	37.1
④できるだけ全ての学校に共通	22	62.9
⑤最も成果が期待	2	5.7
⑥前年度の取組を継続	17	48.6
⑦その他	2	5.7

※複数回答可

ていきたいと考えている。

　4点目は、WGの報告書で指摘がなされた、共同実施の機能を教員の負担軽減や学校事務職員の学校運営の支援、参画の拡大につなげていくための仕組みづくりである。

　本県における共同実施は、平成25年度に本格実施して以降、年々組織数が増加し、令和元年9月現在、52グループ（関係校251校）で行われ、今や9割を超える学校事務職員が学校間連携で事務を執行しているが、それぞれの共同実施における取組内容を見ると、帳簿の相互点検などの定型業務が中心であり、学校運営の支援、参画という分野にはまだまだ踏み込めていない。このような状況との関連性が考えられるものとして、各共同実施グループリーダーから取組内容を決定するにあたって重視しているポイントを選択してもらったアンケートの集計結果があるので紹介したい（表4）。

　結果から、「指針の目的（1）資質向上」が約9割、「できるだけ全ての学校に共通」が約6割、順に「教員の事務負担の軽減」と「前年度の取組を継続」が約5割と続くが、ここで注目すべきは、上位に位置づけられると仮定していた「最も喫緊と思われる課題」が予想に反し、中位に位置したことである。このことがアウトカムの質の高まりにつながらない主要因と断定できるでわけではないが、個々の学校事務職員

の自校における課題に対する認識力がまだまだ弱い現状にある中で、共同実施での取組内容を決定するにしても、何を目指すかといったビジョンの共有が希薄である点は、現地視察を通して実感している（共同実施を行うことが目的となってしまっている）。これからの学校事務職員は、自校の課題解決に向けて、自らが持つリソース（資源）をいかに活用するかという意識への転換が強く求められている。

　現在取り組んでいる、管理職の共同実施グループリーダーの配置（本県では統括事務長）や、他の共同実施の取組状況の共有、あるいは、県教育委員会内部の組織体制の強化による共同実施に対する支援等の取組がどのような成果をもたらすかを検証し、有効な施策を明らかにすることが次なる課題である。

〈参考文献〉

○秋田県教育委員会「学校事務のあり方に関する検討WG報告書」2018年

○秋田県教育委員会「市町村立小・中学校、義務教育学校事務職員の標準的職務一覧表について（通知）」2019年

○秋田県公立小中学校事務職員研究協議会「職務に関するアンケート集計結果」http://jimu.sub.jp/pdf/zentai.pdf 2019年9月10日

○秋田県教育庁義務教育課「共同実施組織グループリーダー研修会個人事例発表シート」2019年

○国立教育政策所 代表研究者　大杉昭英（小中学校の学校事務職員の職務と専門的力量に関する調査報告書）2015年、P16-17

書 評 ・ 図 書 紹 介

<書評>

日本教育事務学会研究推進委員会　編
『チーム学校の発展方策と地域ユニット化への戦略』
学事出版、2018年

田中　謙（日本大学）

1．はじめに

　本書は日本教育事務学会第2期研究推進委員会の研究成果をまとめたものである。

　2015（平成27）年12月中央教育審議会「チームとしての学校の在り方と今後の改善方策について（答申）」、いわゆる「チーム学校答申」では、これからの学校での教育課程の改善や課題解決のために「チームとしての学校」をつくりあげることの重要性が指摘されている。

　この「チーム学校」の実現に関して、加藤（2017）は答申には「専門性に基づくチーム体制の構築」「学校のマネジメント機能の強化」「教職員一人一人が力を発揮できる環境の整備」の3点の視点の提示があり、具体的な改善方策として「事務体制の強化」があげられていることを指摘している。

　この答申等を受け、2017（平成29）年3月学校教育法一部改正により事務職員の職務規定が「事務に従事する」から「事務をつかさどる」とされ、学校組織における唯一の総務・財務等に通じる専門職である事務職員がその専門性を生かして学校の事務を一定の責任をもって自己の担任事項として処理し、主体的・積極的に校務運営に参画することが今日求められている。

　このような文脈の中で、本書はチーム学校での協働体制整備やマネジメントに関する事務職員の役割や業務特質について、各章を執筆した事務職員の実践事例と、事例に基づく要点を研究者がまとめる構成をとっている。

2．本書の構成

　本書は序章「チーム学校と言われても」からはじまり、全3部10章、終章「地域ユニット化への戦略」の構成である。

　各部章は以下のとおりである。

　第Ⅰ部「校内におけるチーム学校の協働体制」は第1章「事務処理体制の構築を通したチーム学校の実現」、第2章「チーム学校へ何はともあれ一歩を刻む」、第3章「県立学校における事務職員と教員の協働」、第4章「日本的な学校文化・教職員文化から捉える『チーム学校』」で構成される。

　第Ⅰ部では第1章で事務処理体制構築のプロセスから、第2章では事務職員と教員の意識の違い、第3章では事務職員の任用・研修を中心に「チーム学校」体制整備に係る事例や調査結果が示され、第4章で学校・教職員文化から「チーム学校」実質化のための視座を提示している。

　第Ⅱ部「校外との協働体制を築くチーム学校」は第5章「家庭、地域との連携にかかわって『チーム学校』へ第1歩！」、第6章「地域の人と『チーム』を組む力の鍛え方」、第7章「『チーム学校』で地域社会と支えあう」で構成される。

　第Ⅱ部では第5章コミュニティ・スクールにおける事務職員の家庭、地域との連携事例、第6章で連携のための事務職員の育成の要点を踏まえ、第7章で協働体制整備のための実践の要

点や課題が簡潔に整理されている。

第Ⅲ部「学校間連携・教育委員会の支援するチーム学校」は第8章「学校のマネジメント力強化を促進する学校間・教育委員会との連携」、第9章「『チーム学校』を束ね地域の子を地域で育む連携・体制づくり」、第10章「『チーム学校』から『チーム学園』へ―2校以上の学校と『チーム』になる意味―」で構成される。

第Ⅲ部は第8章、第9章で主に学校と行政（教育委員会）との連携、第10章で複数の学校園との連携の視点から先駆的事例の特質が報告され、今後の「チーム学校」づくりの参考となる知見が示されている。

3．本書の意義と課題

本書は序章において「チーム学校」の必要性は理解できるものの、実現していくプロセスの不明瞭さに関する事務職員等の不安等があることを述べている。事務職員はもちろんのこと、校長、副校長・教頭、教職員の「戸惑いや困り感」に寄り添うところから論が展開されており、「チーム中学校区」の実現という明瞭な目標を事務職員等に指針として提案している。終章では第Ⅰ部～第Ⅲ部の事例から得られる示唆を織り込みながら、序章で示した指針に基づく取組を各地域で進めていくための条件を学術的に整理しながらも、わかりやすくまとめている。

この各章での事例や論点整理、そして序章・終章を中心とする取組のための指針の提示は、実践（研究）と理論（研究）の双方から「チーム学校」実現にむけた教育事務および事務職員のあり方を示すものである。まさに日本教育事務学会が「教育事務に関する研究の発展と情報の交流を図る」という社会から期待される役割に応える内容となっており、この点が本書の一番の意義としてあげられよう。

その上で限られた紙幅の中で本書の知見を示すと、まず「チーム学校」、協働体制整備のためには、事務職員、教員の「意識」に働きかける

必要性と、そのための事務職員の育成に係る指標の作成や研修体制整備の必要性が複数の章で強調されている。そのための具体的方略は学校事務室レベルで取り組むもの（例えば第1、5章等）から、複数の学校園レベル（第10章）、都道府県・市町村行政レベル（第2、3、6、8、9章等）で取り組むものまで事例として紹介されている。特に各地域の学校園、行政で研修を行う際にすぐに活用可能な「実践知」に富む点が本書の特長としてあげられる。

また本書で扱われている事例は、小学校、中学校、高等学校の事例が取り上げられており、学校種問わず共通して参考となる事例が選定されている点も積極的に評価できよう。

上述のような積極的意義が見いだせる一方で、課題に関しても言及しておきたい。

それは各実践事例の属性や研究方法に関する情報・記述が限られているという点である。本書は序章で「実践書」と示されているように、事務職員が参照する際の実践の「リアリティ」に重きを置いて編集されていると推測される。そのため、各事例がどのような属性の学校園、自治体において、どのようなリソースを用いて取り組まれたのかに関する情報が限定的である。この点は体制構築を図っていったプロセスが不明瞭である点にも関連している。

限られた紙幅で参考となる「実践書」として編集された本書にこの点を求めるのは酷かもしれないが、他学校園・地域での取組の参考となる事例の提示であるからこそ、基本的な研究情報に関する記述も求めたい。

この課題は、各章の担当者が、今後さらに実践研究を発展させ、『日本教育事務学会年報』で示されることを期待したい。

〈引用・参考文献〉
加藤崇英（2017）「教育政策における新たな学校像―『チーム学園』論議の特質と課題―」『日本教育経営学会紀要』59(0)，96-101.

<図書紹介>

藤原文雄　著

『スクールリーダーのための教育政策入門
―知っておきたい教育政策の潮流と基礎知識』

学事出版、2018年

大道正信（日南市立大堂津小学校）

1. はじめに

　この一冊で、昨今の教育施策の背景と目指しているビジョン等を体系的・構造的に理解することができるようになる、学校現場のリーダー必読の本である。

　「国の教育政策は社会の変化やAI等技術革新の動向を踏まえて、子供や国民の幸せの増進のため策定された教育の理想とそれを実現するためのシナリオ」と位置づけ、「スクールリーダーは、国の教育政策が発するメッセージを受け止め、教育政策をそれぞれの学校の実情に即して翻訳し、各学校のビジョンやそれを実現するためのシナリオを構想する必要がある」と書かれている。目の前の児童生徒のことで一杯になってしまうことの多い学校現場では、ややもすると大きな流れやこれから進んでいくであろうことに目が向かない傾向があると感じている。しかしながら、私は、学校をよりよく変えていくためには、これまでの政策の流れと今後の改革の見通しを知っておくことが極めて重要であることを経験している。

　筆者は国立大学での勤務を経た後、初等中等教育政策立案に資する研究を推進することが職務である国立政策研究所初等中等教育研究部の研究官になられている。本書の「はじめに」には、前者の時代には当時の教育政策の全体像やその意味が全くわからず、教育政策という海の上で漂流し、難破しそうな小舟のような状況であったが、後者になってから教育政策の体系や内容について次第に理解できるようになってきた。そのきっかけの一つは「教育政策が「背景」―「ビジョン」―「シナリオ」という固有のフォーマットを持っているということを教わったこと」と記されている。本書は、このような経歴をお持ちの筆者でなければ示せない内容となっている。

　筆者である藤原文雄氏には、私の所属している宮崎県公立小中学校事務研究会において、平成20年度全事研福島大会の分科会で助言者をお願いして以降、研究大会50回記念大会での講演をお願いするなど、様々なご助言等をいただいてきたが、氏の誠実な人柄が実感できるような本書の組み立てとなっている。

2. 本書の概要

　本書は、東京大学名誉教授の藤田英典先生の論文から着想を得られて、学校が持つ「教育機関」、「専門家集団」、「行政の系列に属する出先機関」、「オープン組織」、「生涯学習の基礎を培う機関」という五つの性格に即して教育政策が存在するとの考えから、下記のとおり5部構成で記述されている。

第1部　カリキュラム・マネジメント
　第1章　学習指導要領改訂
　第2章　学習指導要領改訂の歴史
　第3章　カリキュラム・マネジメント
　第4章　生徒指導
　第5章　多様な子供の学習権保障

第2部　教職員人材育成
　第1章　学び続ける教職員
　第2章　校長
　第3章　副校長・教頭の役割
　第4章　ミドルリーダー
　第5章　学校事務職員
第3部　法令遵守、危機管理、教育資源の活用
　第1章　学校安全
　第2章　学校組織全体の総合力の向上と教員
　　　　　の勤務負担の軽減
　第3章　業務改善
　第4章　教職員定数
　第5章　マネジメント機能強化
第4部　地域、学校間連携・協働
　第1章　人口減少社会
　第2章　学校と学習塾
　第3章　地域と学校との連携・協働
　第4章　高大接続改革
　第5章　小中一貫教育
第5部　生涯学習・共生社会・教育行政
　第1章　生涯学習社会と学校
　第2章　人生百年時代
　第3章　インクルーシブ教育システム
　第4章　教育長及び教育委員会事務局職員
　第5章　文部科学省

　上記の項目からもわかるように、あらゆる角度から教育政策を解説している。
　第1部では教育政策の中核と言えるカリキュラム・マネジメントに関連する政策、第2部ではリーダーシップの期待される職種の職務や資質・能力、教員の人材育成に関連する政策、第3部では学校指導体制の見直しや業務改善、学校安全などに関連する政策、第4部では地域、学校間連携・協働に関連する政策、そして第5部では生涯学習・共生社会、それらを推進する教育行政という観点で政策の概要が解説されている。そして本書を読み進めると、それぞれの関連する政策には、背景として中教審答申や各

種の報告などがあり、その内容を実行に移すために、必ず通知や法令等の改正が行われていることが実感できる。私も平成10年度に出された中教審答申「今後の教育行政の在り方について」の内容が次々と実行に移されていくのを経験したとき、それを理解することの重要性をひしひしと感じたものである。
　また、その時々で、文部科学省所管の中央教育審議会の上をいくものとして、政府直轄の臨時教育審議会や教育再生実行会議等があった歴史も読み取ることができる。
　現在学校現場で行われていることについて、どのような背景があり、どのような答申等に基づき、どのような法令等の改正によって実行に移されてきたかが読み取れるように記述されている。
　さらに、紹介されている各種答申等をすでに読まれてきた方にも、その答申に至るまでの過去の流れが理解できる本となっている。
　「終わりに」では、現状をしっかり把握し、すべての子供の教育を受ける権利を公正に保障されるよう制度改革や予算措置を行うことが教育政策や教育行政の仕事であり、それらを受けて、目の前の子供たちの「今」と「未来」の幸福のために努力するのが学校現場の仕事であると分析し、「そのためには、スクールリーダーが教育政策の潮流と基礎知識を理解することが必要である」と結ばれている。
　今後スクールリーダーを目指す人を応援する上質なテキストであり、また、法令等の改正により学校経営のスタッフとして位置づけられた学校事務職員には、基礎知識習得のための必読の書であると感じた。末尾に「もっと詳しく知るための文献案内」と「提言・答申の名称一覧」が掲載されているのも、筆者ならではのサービス精神の表れか、うれしい限りである。
　今後も出され続けていく答申等の読み方が変わる一冊でもある。

＜図書紹介＞

現代学校事務研究会　編／川崎雅和　著

『Q＆Aでよくわかる
学校事故の防止と安全・防災対策の進め方』

学事出版、2019年

吉村由巳（愛南町立平城小学校）

1．はじめに

本書は、平成20（2008）年に刊行された『学校事故の防止と安全対策の進め方』に加筆・訂正を加え新たに出版されたものである。

年間100万件以上に及ぶとされる学校管理下の事故発生原因と実態、対応を分析し、防止の手立て、学校の施設・設備の整備・保守における自治体職員との連携の在り方等について言及しており、学校が地域や関係諸機関とともに安心・安全な学校づくりを進めるための留意事項を解説している。

Q＆A形式に編集されており、たいへん読みやすく、学校施設の管理や新築・改築に初めて携わる若手の教職員にも薦めたい書籍である。どの項目についても学校現場ですぐに活用することができる実用書としても意義深い。

前著との大きな相違点は、第3部「災害への備え」と題して加えられた部分である。前著刊行前後に発生した災害を契機として改正された法令・提言・通知等の関係部分を示し、自然災害への備えや災害発生時の対応、大規模災害に遭遇した際の課題について具体的事例やチェックポイントを交え解説している。

2．本書の概要

本書は「はじめに」、第1部「学校施設の安全追求」、第2部「活動場面ごとの事故防止を考える」、第3部「災害への備え」、第4部「安全点検と賠償責任」で構成されている。

第1部「学校施設の安全追求」では、学校施設に起因する事故やその防止と留意点、校舎建設等における全ての子どもに安全な学校づくりのポイントについて13項目で解説している。

著者は、日本スポーツ振興センターの平成28年度統計データから学校事故がどのような場所で発生しているのかを分析し、事故を未然に防ぐには日常点検が極めて重要であるが、一方で、校舎を見慣れている教職員が惰性に陥る可能性を指摘し、保護者や子どもの目で見直すことも必要としている。教職員が校舎建設や改築の全期間にわたって関わり、校内での子どもの日常生活における行動特性や学習活動の実態を基本構想や設計に反映することにより、安全で快適な学習環境を実現することができるとしている。

第2部「活動場面ごとの事故防止を考える」は、各教科で危険が想定される活動や、休み時間、清掃活動、課外活動等、子どもの活動場面から安全配慮や事故防止のポイントについて15項目で解説している。

子どもたちは教科学習以外にも様々な活動を行うが、教職員の目が行き届きにくい休憩時間の事故は学校にとっては大きな課題である。多くの子どもが長い時間を共に過ごす学校の中で、子どもの行動を想定した学習・生活環境の見直し、活動スペースの確保等が事故の減少につながる。近年は、アレルギー体質の子どもが増えており、学校給食の安全配慮、教室の衛生管理はもとより動物の飼育環境にも配慮が必要

である。著者は、動物飼育活動等による豊かな人間性の育成について示された小学校学習指導要領を示すと同時に、飼育小屋の衛生管理や動物が病気になった場合を想定した取組についても紹介している。

第3部「災害への備え」では、地震や風水害への備え、災害に見舞われた場合の避難施設として備えておくべき設備及び備蓄物、学校の防犯体制について9項目で解説している。

地震や台風、異常気象によると思われる豪雨災害が発生し、住民の防災意識の向上とともに学校も防災拠点や避難所として整備が進められている。先日公表された文部科学省の調査結果でも、避難所に指定されている小中学校は実に全体の94.9％に及ぶ。著者は、避難所としての役割が期待される学校は、一般の公共施設以上に高度な安全確保への備えが必要であり、子どもの命を守り地域防災拠点としての環境整備が必要であるとしている。文部科学省が発出した提言を示し、ハード面の整備だけでなく避難所運営における教職員の役割やその訓練、さらに早期の教育活動再開に向けた準備についても述べている。

第4部「安全点検と賠償責任」では、安全・防災点検の進め方、日常点検の改善方法、法令に基づく専門家による点検、学校事故の責任と賠償について5項目で解説している。

子どもの安全・健康を守るためには教職員による定期安全点検が基本であると重要性を強調し、日常点検のマンネリ化を防ぐ手立てと効果的な安全点検カードの作成例を提案している。

一方で高度な専門知識や検査機器を要する設備点検については、自治体が専門業者等と契約し法令に基づいた定期的な点検を実施することになる。例年のことではあるが、管理職をはじめ事務職員が予算要求に漏れのないよう要望し、設備に劣化が見られる場合は、適切に修繕、取替等の予算措置を行わなければならない。

3. チーム学校による学校環境整備

著者も強調しているが、子どもの成長の場としての学校環境づくりは、教育に関わるあらゆる職の者が連携・協働し「チーム学校」として取り組まなければならない。

学校は特殊な場所であるが故に校舎の増改築やその管理、施設・設備の運用や危険物の取扱い、さらには防災対策など、関係する法令・指針等は多岐に亘り、学習指導要領の改訂や事故・災害を経験し改定される。そこで、いち早く学校現場に必要な情報を提供・共有し迅速に予算化するため、「事務をつかさどる」職である事務職員のイニシアチブを期待したい。

事務職員の役割分担等の見直しと機能強化への期待は、平成10年9月「今後の地方教育行政の在り方について」(中央教育審議会答申)に言及されて以降、平成29年3月の学校教育法改正を経て大きく高まっている。近年発出された事務職員の標準的職務内容には、施設・設備の維持管理をはじめ学校安全・防災計画の策定等、危機管理に関する事項を明示している地域も見られる。事務職員がつかさどる職として、教職員、地域住民、自治体担当者及び専門業者を相互につなぎ、行政的視点から「チーム学校」のマネジメントを担うことで、安心・安全な学校づくりに貢献できるのではないだろうか。

〈引用・参考文献〉
○川崎雅和『学校事故の防止と安全対策の進め方』学事出版、2008年
○文部科学省『避難所となる公立学校施設の防災機能に関する調査の結果について（平成31年4月1日時点）』
○藤原文雄「これからの学校事務職員像と力量形成」『日本教育事務学会年報　第5号』学事出版、2018年

<図書紹介>

藤原文雄　編著

『「学校における働き方改革」の先進事例と改革モデルの提案
―学校・教師の業務／教育課程の実施体制／生徒指導実施体制／学校運営・事務体制』
学事出版、2019年

酒井竜二（長岡市立大島中学校）

1．はじめに

　学校現場を取り巻く環境が複雑化・多様化し、学校に求められる役割が拡大する中で、教職員の長時間勤務の改善は、深刻な事態でかつ、喫緊の課題となっている。その中で、新学習指導要領の実現に向けた授業改善へ取り組む時間やいじめ問題への対応における、教員が子供と向き合う時間の確保など、学校現場における業務の適正化をより一層推進していく必要がある。

　2019（平成31）年1月に「新しい時代の教育に向けた持続可能な学校指導・運営体制の構築のための学校の働き方改革に関する総合的な方策について」が中央教育審議会から答申された。答申の中では、学校及び教師が担う業務の明確化・適正化や学校の運営体制の在り方、さらには学校における働き方改革の実現に向けた環境整備などが項目として挙げられている。業務の役割分担や適正化を着実に実行するために、文部科学省が取り組むべきこと、教育委員会等が取り組むべきこと、そして各学校が取り組むべきことがあげられ、それらを計画するためにスクラップ・アンド・ビルドを原則として、これまでの業務の考え方を根本的に見直すよう答申された。一方、学校現場では、多忙化解消（勤務時間の削減）や効率化（業務を減らそう）を推進しようとするスローガンだけが先行して、かえって、教職員のモチベーションの低下やプロフェッショナルな教師としてのアイ

デンティティの崩壊につながる危険性がある。

　その中で、本書は、23名のプロフェッショナルが「学校における働き方改革」の先進事例と改革モデルの提案をする。今、さまざまな課題を抱える変革期の学校や教職員にとって、自分の人生も大切にしつつ、プロフェッショナルらしく働ける学校づくりに向けて、たくさんのヒントが詰まった本である。

2．本書の概要

　本書は、「プロローグ」、第1部「学校・教師の業務」、第2部「教育課程実施体制」、第3部「生徒指導体制」、第4部「学校運営・事務体制」で構成されている。

　第1部では、学校・教師の業務の見直しによる、新しい時代の教育の実現に向けて、持続可能な学校指導・運営体制の構築が必要であり、そのための改善方策として、第1章「持続可能な部活動を構想する」、第2章「小・中学校運営体制の改革」、第3章「コミュニティ・スクールにおける学校支援活動の活性化と教員の勤務負担軽減」、第4章「官民協働による不登校児童生徒への支援に向けて教育行政職員に求められる働き方」という4つの提案が書かれている。

　第2部では、教育課程実施体制の改善に向けて、教員定数の増加という方法以外に見直しは可能であり、業務改善をはじめ学校レベルで取り組めることとして、第1章「プロフェッショナルとしての働き方改革」、第2章「新しい学習

指導要領と教職員の働き方改革」、第3章『学校教育目標実現に貢献する「つかさどる」学校事務職員の働き方』、第4章「学習塾のノウハウを公立学校に取り入れることにより教員はどう変わるのか」という4つの提案が書かれている。

第3部では、これまでの日本の生徒指導で救われてきた子供が多いのは、事実であるが、その生徒指導が教師の長時間勤務によって支えられてきたことも事実である。その見直しの改善策について、第1章『生徒指導の充実と「働き方改革」』、第2章「落ちついた学習環境を維持している学校における教職員の働き方」、第3章「いじめ問題における専門家の活用」、第4章「実効的な生徒指導のための学校と関係機関の連携・協力体制」、第5章「客観的データを生かした予防・開発型学級経営の展開」という5つの提案が書かれている。

第4部では、学校がこれまで以上に組織として対応していけるように学校運営と事務体制の見直しの必要性とそして改善策について、第1章では「教育資源の有効活用によるカリキュラムマネジメントの推進」、第2章では、主幹教諭のマネジメントへの効果的な関わりとその育成のあり方」、第3章では、「教育課題に対応するための学校組織づくり」、第4章では、「教育行政による学校運営事務改革」、第5章「コンサルタントの目から見た、学校の働き方の成功と失敗の分かれ道」という5つの提案が書かれている。

3．Society 5.0の時代に向けた「働き方改革」

現在進められている働き方改革の目的は、「限られた時間の中で、教師の専門性を生かしつつ、児童生徒に接する時間を十分に確保し、教師の日々の生活の質や教職人生を豊かにすることで、教師の人間性を高め、児童生徒に真に必要な総合的な指導を持続的に行うことができ

る状況を作り出す」ことがねらいと、エピローグの中で述べている。本書ではそのための方策として、多方面から、それぞれの専門家（プロフェッショナル）が、現在の状況や方策などに、批判的見解も含め、方策を論じている。

特に、働き方改革に必要な視点、例えば、部活動やコミュニティ・スクール、高度情報技術（ICT／AI）、いじめ問題、カリキュラムマネジメントの推進など、様々な観点を網羅しつつかつ、それぞれの現場（事実）を取り上げ、取組の成果と課題を捉えたり、塾を生かした仕事の質を上げることなど、これまで学校がタブー視としてきた分野にも方策として切り込んでいるところが特徴として挙げられる。

2018（平成30）年6月に取りまとめられた文部科学省「Society 5.0に向けた人材育成に係る大臣懇談会　新たな時代を豊かに生きる力の育成に関する省内タスクフォース」『Society 5.0に向けた人材育成〜社会が変わる、学びが変わる〜』はAIやビッグデータ等の先端技術を活用した、一人一人の能力や適性に応じた個別最適化された学びの実現を提案した。

「Society 5.0」における「学び」の時代が間もなく到来する。そのためにも、無理なく勤務時間内外を問わず、子供や授業のことを考え続ける教師像を理想として、業務の質的転換や教師をはじめ、多様な教職員の専門性や高度情報技術（ICT／AI）を生かしたスマートな（賢い）学校運営組織の構築を進めなければいけない。

本書は、この時代の流れをしっかりと読み、新しい研究や実践の取り組みそして、貴重な提案をし続けている研究者や実践者つまり、プロフェッショナルがこれからの学校や働き方改革に向けての豊富なアイデアを提案している。

このアイデアから次の実践に向けて、一歩を踏み出せる本である。

<図書紹介>

浜田博文　編著
『学校経営』

ミネルヴァ書房、2019年

高木　亮（就実大学）

教職課程向けテキストを超える内容の本書

　出版業界が不況の中で大学生向けのテキストも難しい状況が続いているようである。授業で必ず購入することになるテキストは必ず売り上げが一定数確保できる。しかし、テキスト指定による購入は学生にとって単位取得の前提であるゆえに、消費者である学生の評価が厳しくなりやすい。さらに、テキストは"学生向け書籍"とだけに認識されやすい。本書は学生向けのテキストとしてだけではなく、学校教育関係の職に就く者みんなにとって役立つ"学校経営の現代史・時事解説書"であり、"現代学校経営用語の基礎知識"としても成立している。本学会員の多数を占める専門職有識者にこそ有益な書籍であり、本誌で紹介することとなった。

　まずは、評者自身が非常に不真面目な学生であったことと今も能力に欠ける大学教員であることを踏まえて本書のすごさを考えてみたい。

　20世紀末の評者在学の大学教育学部は面白い授業が多かったが、テキストの印象は悪い。20年前の評者の学生時代の教職課程（教員免許に必要な大学の各単位とそのカリキュラム全体像のこと）のテキストにみな丸刈りの中学校男子生徒の授業の様子が何枚も掲載され、「何年前の写真を使ってんだよ」と毒づいた記憶がある。そして、その10年後に大学教員となった最初の授業で前任者がそのテキストを前年度まで用いていたため、同じ丸刈りの写真たちと再会し「何十年前の写真を使ってんだよ」とさらに

毒づいた記憶がある。大学の教職課程を担当する上で"論文は書けなくとも担当科目の授業名のテキスト執筆にとりあえず参加してください"と大学事務職員教務担当がよく言う。論文以上に玉石混淆の質と内容でも許される"楽ができる誘惑"が大学のテキストにはある。

　また、出版業界の都合もありテキスト執筆に参加すれば勤務校の授業でテキスト採用が要求される。しかし、大学での教職課程のテキストは教員採用試験という結果がはっきりと出る学校教育の最前線の武器の一つであり、時代に対応できていなければ後に学生に恨まれることになる。次々に更新される法令や答申、公刊統計、教育課程などのスピードに追いつきつつ編集・執筆・校正さらに改訂を合わせていくことは本当に大変であるし、何十年も内容を変えずに放置する誘惑に負けないテキスト執筆の意志が試される。

　ちなみに、評者は誘惑に弱く学生の恨みも怖いので授業に使うテキスト執筆は避けている。評者は学会とは別に大学教員として教育課程や答申などの解説を行うセミナーに年間複数回参加しつつ、教員採用試験対策を担う予備校などの学生向けセミナーに参加したゼミ生などから最新の情報を収集することを修養としている。これでやっと大学の教職課程の授業をなんとか時代にあわせている。この努力に加えて学生に責任あるテキストを出版し改訂を続ける力は評者にはない。本書を読んで"評者のできない研究と教育の両立をできる研究者がこんなに居る

のか…"と自省の念にさいなまれている。

　本書内容や構成は驚くほど網羅的でありながら丁寧でわかりやすい。本学会の位置する領域にあたる学校経営分野において中立的な教育史を踏まえつつ最新の教育行財政・法令の課題を内容として押さえている。構成についても2010年代末の最新の引用文献や図書紹介を抑えた14章の章の構成にまとめられている。

　また、索引に列挙される重要用語の選定は最前線で活躍する研究者が最前線の学校教育領域の職業人であることを見せつける内容でもあった。さらに、各頁の端に適時記載されている長くとも1500字程度の重要用語解説は簡にして要を得た説明がつづいている。あわせて、例えば学校経営における貧困・福祉の配慮（12章）や危機管理（13章）などを読めば、本書執筆者が学校教育の現場の特捜最前線に根を下ろして見解を示していることが理解できよう。

研修（研究と修養）の意味を考えさせる書籍

　本書の価値を2側面から整理したい。

　1点目は研修つまり研究と修養を考える際に極めてバランスよく最先端の専門知識の修養ができる点である。修養とは"修めていないと仕事がしにくくなる専門職の教養"とでも定義できるだろう。各章は2010年代の引用文献も多く例えば、85頁の重要用語解説「▷5 新学習指導要領」（小中学校においては平成29年に公示）や170頁の「▷1　スクールカウンセラーの選考要件」（スクールカウンセラー制度はスクールソーシャルワーカーとともに平成29年に制度化）なども解説に取り上げている。新聞や雑誌は引用が主で速報性ゆえに内容が不充分になることも多い。繰り返すが、本書のように最新の知識を正確に分かりやすく考察を込めてまとめることは編集や校正にかかる労力を考えれば大変なものである。本書は本学会の専門領域の"最先端の知識のカタログ"として有益で安心して学ぶことができる書籍として推薦したい。

　2点目はバランスよく中立的な学校経営領域の現代に至るまでの歴史が体系的に整理されている点である。ところで、つい先日ある学会の研究集会に一般参加したが、教育内容の文脈の中で"民主"や"平和"、"貧困"などというキーワードが並び、選挙演説のような政治・政権批判や他の研究者・個別の大学批判が延々と続き"未だにこんな学会の世界があるんだ"と感慨を深める機会があった。これは極端な例だが人間だれしも安全な場所や内輪の集団の中で他者を攻撃する欲求を充足したがるものである。できれば自分の主張を修正・発展させ続ける努力も省略したくなるので"不変の正義"のようなものに飛びつきがちでもある。教科書を何十年も修正しない怠惰同様のこのような姿勢は人間に共通する快楽や欲求から来るので大人にとっても子供にとっても、もちろん評者自身も共通して陥りかねない学びの罠のようなものである。得てして変化の激しい現代において専門職としての学び（研究と修養の両立としての研修）は辛く価値の転換などもあって苦しく大変なものでこの誘惑の魅力は増しているかもしれない。歴史や思想などの簡単に数量検証等が難しい課題において人はついこの学びの省略と他者攻撃の罠に陥りやすい印象がある。これが学校経営の歴史を客観的に捉え現代を考えることと研修を続けることの難しさを高める一要素であるように筆者は感じている。

　本書の教育史における訴訟・事件や小中学校等の教育課程の変遷、生徒指導や貧困などの社会問題に関する言及は個々の筆者の思いなどは表されていない。丁寧に事実関係を整理している点で本書が強い説得力を発揮している。研究者が敢えて自分の専門への思いを抑えてテキストを作ることはこのように研究した自分の専門の知識を多数の業界の専門家に修養してほしい要素として伝えたいからこそであると想像する。そのような専門知識修養の思いを本書を通して触れてもらいたい。

会 務 報 告 他

会務報告

藤原文雄 (〜2018年度事務局長)
矢吹正徳 (2019年度事務局長)

1. 2018年度理事会報告

日時：2018年11月30日（金）16：00〜18：00
場所：常葉大学　草薙キャンパス　第5会議室
出席者：北神正行（会長）、川崎雅和、木岡一明、木村拓、雲尾周、坂下充輝、佐藤悦子、新保房代、大天真由美、大道正信、福島正行、藤原文雄（進行）、古川治、堀井啓幸、矢吹正徳、矢島康宏
欠席者：赤松梨江子、石井拓児、浦野東洋一、押田貴久、久我直人、佐久間邦友、佐藤修司、佐藤晴雄、玉井康之、西井直子、西川信廣、西山由花子、野川孝三、花岡萬之、樋口修資、日渡円、藤原誠
オブザーバー：一町田昌哉、四牟田修三、北詰泰久、名達和俊、藤田基成、栁澤靖明、由井瑠美（以上理事候補者）、谷明美、石井覚、関川達彦、稗田周太、村井浩平（以上事務局員）

【報告事項】

⑴　会務報告

藤原事務局長より、学会年報第5号の会務報告どおりに昨年12月から今年11月までに、理事会等が開催されたことが報告された。

⑵　研究推進委員会報告

雲尾研究推進委員長より、7月14日（土）及び11月30日（金）に研究推進委員会が開催されたことが報告された。褒賞については2件の推薦があり委員会内で審査の結果1件について実践教育賞にふさわしいとの報告が上げられ、理事会で協議した結果『学校事務職員の仕事術』（明治図書刊）を刊行した坂下充輝会員に対して実践教育賞を授与することが承認された。3年間の会計については、主な支出として大会等の講師謝金及び委員交通費であることが報告され承認された。活動についての課題も挙げられ、次期委員会の参考とすることが報告された。

⑶　年報編集委員会報告

堀井年報編集委員長より、本年度の活動について報告された。今回発行の年報第5号については、自由研究論文及び自由研究ノートへの投稿が各1本あり、査読の結果、各々を自由研究ノート及び実践レポートとして掲載に至ったことが報告された。3年間を通して論文投稿が少ない傾向が見られ、第6回大会では「論文作成講座」を設定し、今後会員からの投稿を期待したいとの報告があった。3年間の会計については、大会プログラム内に金額等の表示がなかったため、ページの差し替えをして総会にて報告することで承認された。

⑷　地域研究の情報収集と地域研究集会

矢吹地域総括理事より、3年間の地域研究集会について2017年に岡山市で行ったこと、2018年は開催がないが2019年は2月24日（日）に山形市で開催予定であることが報告された。地域

研究の情報収集については、日本教育新聞社と学会との共同研究で今年夏に行った「『チーム学校』と学校事務職員の在り方について」の調査結果の速報版について説明があり、総会においても説明を行うことが報告された。

(5) 選挙結果報告

矢吹選挙管理委員長より、7月14日（土）の第1回選挙管理委員会から10月27日（土）の会長選挙開票までの経過が報告された。選挙書類を再送したこと、開票後3名から辞退があり次点者を含め30名の理事候補者により会長選挙を行ったこと、1回目の投票で過半数をこえる会長候補がでなかったため、上位2名による再度の投票となり、藤原文雄会員が会長候補となったこと、その後1名の理事候補者が健康上の理由により辞退したこと等が報告され、選挙において決定した30名の理事候補者及び会長候補者については総会にて提案することが承認された。

また得票数等の公開についての意見があり、次回選挙までに時間をかけて検討していくことが確認された。

(6) 第6回大会について

堀井大会事務局長より、12月1日（土）に常葉大学にて行われる第6回大会について報告があった。本年4月に完成した草薙キャンパスでの初めての学会開催となること、申し込みが現在135名であること、静岡県教委及び静岡市等に呼びかけ30名以上の県内事務職員や教員の申し込みがあったこと、懇親会に学長が参加すること等が報告された。

【審議事項】

(1) 会員状況について

大天総務部長より会員状況について、現時点での会員数は325名であり、入会希望10名、退会希望2名について提案・承認され、会員は333名となった。また、現住所や所属等の登録事項変更届の提出周知について、個人PCメールアドレスの登録周知について、引き続き行っていくことが確認された。

(2) 決算報告・監査報告について

藤原事務局長より、総会で提案する一般会計決算報告書案及び積立金特別会計決算報告書案について提案された。収入額が予定した額より減額となっているのは、現年度及び過年度未納が増加傾向にあること、ここ数年の収支状況は厳しいが会費は当面値上げしないこと、特別会計の残金50万円は年報の年度内支払いのためのものであること等が説明された。また大天総務部長より、11月3日（土）学事出版において監査2名による会計監査が行われ、諸帳簿等が適確に処理されていたことが報告され、決算報告は承認された。

(3) 会則改正について

北神会長より、会則等改正について提案された。今後の学会の発展や多くの会員が活動に関われるよう、「研修委員会」及び「国際交流委員会」の新設をするための会則等の改正案、及び会則第12条第4項による特別委員会「教育委員会・高校・特別支援学校・学校管理職特別委員会」の設置について提案され、総会にかけることが承認された。なお委員会規則については、今後検討及び整備していくことが確認された。

(4) 新役員について

藤原事務局長より、新役員については総会の途中に新理事会を場外にて開催し、役員等の選出及び指名を行うことが提案された。新理事会では、常任理事及び各委員長を会長が指名し理事会承認を得ること、事務局長及び地域担当理事の指名をすること、理事会による監査の選出を行い総会にかけること、その他渉外担当理事及び地域総括担当理事を指名することが確認され、総会において役員等を報告することが承認された。また、会則7条の「理事」の表現に誤認の恐れがあるとの意見があったため、今後検討をして来年の総会に向け整備していくことが確認された。

(5) 総会議事の流れについて

大天総務部長より、総会議事の流れについては総会議案書のとおり進めること、会長指名理

事承認後新理事会を会場外にて行うこと、が提案され承認された。

⑹ 予算案について

藤原事務局長より、総会で提案する一般会計予算書案及び積立金特別会計予算書案について提案された。前年度比の収入額50万円減の内訳は、繰越金20万円減、積立金からの繰入金20万円減及び会費収入減の見込み等であること、支出については会則改正承認後に編成される新委員会への配分等で予備費が少額となっていることが説明され、予算書は承認された。

⑺ 次期研究集会・次期大会について

北神会長より、次期研究集会については2019年7月13日（土）公立鳥取環境大学にて開催すること、次期大会については2019年12月第一土曜日又はその前後の土曜日に、国士舘大学（キャンパス未定）で開催予定であることが提案、承認された。

【その他】

なし

２．第６回総会報告

日時：2018年12月1日（土）13：00～14：00
場所：常葉大学　B棟201教室
議長：神原千恵会員、諏訪英広会員
記録：北詰泰久（事務局）
成立確認：会員数333名　総会出席者数81名
　　　　　委任状提出者88名
総会資料：年報第5号、大会プログラム、年報編集委員会報告（差替分）、学会・日本教育新聞社共同調査速報版、会則等改正資料、選挙結果名簿、新役員名簿、予算書案（一般・特別）、東北地区研究集会チラシ

【報告事項】

⑴ 会務報告（年報第5号P88～）

藤原事務局長より、会務報告について年報第5号の会務報告どおりであること、会員については現在333名であることが報告された。

⑵ 研究推進委員会報告（大会プログラムP33～）

雲尾研究推進委員長より、今年度は2回の研究推進委員会が開催されたこと、褒賞については2件の推薦があり委員会内で審査の結果1件の実践教育賞候補を昨日の理事会に報告したこと、3年間の総括として活動と課題を資料に載せたこと、3年間の会計については、大会等の講師費用及び委員交通費補助に充てたことが報告された。

⑶ 年報編集委員会報告（大会プログラムP35差替版）

堀井年報編集委員長より、年報第5号が発行されたこと、特集を「「事務をつかさどる」（法改正）と教育経営」としたこと、自由研究論文及び自由研究ノートへの投稿が各1本あり、査読の結果、各々を自由研究ノート及び実践レポートとして掲載に至ったことが報告された。3年間を通して論文投稿が少ない傾向が見られ、第6回大会では今後の会員からの投稿を期待し「論文作成講座」を設定したことが報告された。3年間の会計については、会議費と旅費補助に充てたことが報告された。

⑷ 地域研究の情報収集と地域研究集会について（調査結果速報版）

矢吹地域総括担当より、3年間の地域研究集会について2017年10月に岡山市において中国四国地区研究集会を開催し、64名の参加であったことが報告された。

地域研究の情報収集については、日本教育新聞社と学会との共同研究で今年夏に行った「『チーム学校』と学校事務職員の在り方について」の調査結果速報について説明があり、調査結果の詳細は、日本教育新聞に年明けに掲載する予定であるとの報告があった。

※報告事項は、すべて承認された。

【審議事項】

⑴ 決算報告・監査報告（大会プログラムP29～）

藤原事務局長より、一般会計決算報告書案及び積立金特別会計決算報告書案について提案された。実質収入額約192万円に対し執行額が約

217万円のため繰越金が約25万円減少したこと、ここ数年の収支状況は厳しいが会費の値上げ提案はしないこと、会員拡大と円滑な予算執行に努めていくこと、特別会計の残金約50万円は年報の年度内支払いのためのものであることが説明された。

続いて内野監査委員より、11月3日（土）に学事出版において原監査委員とともに監査を行い、収支ともに適正に執行されていたことが報告され、決算報告は一般会計・特別会計ともに承認された。

(2) 会則改正について（会則改正資料）

北神会長より、会則等改正について今後の学会の発展や多くの会員が活動に関われるよう「研修委員会」及び「国際交流委員会」新設のための会則等の改正案、及び会則第12条第4項による特別委員会「教育委員会・高校・特別支援学校・学校管理職特別委員会」の設置について提案された。なお新設の委員会規則については、今後検討していく予定であることが説明された。

	現行	改正案
会則第12条第1項	本会に年報編集委員会、研究推進委員会を置く。	本会に年報編集委員会、研究推進委員会、研修委員会及び国際交流委員会を置く。
研究推進委員会規程	第5条　当分の間、委員会は教育事務研究の推進及び教育事務実践の研修活動を実施することができる。第6条　当分の間、委員会は教育事務研究の推進及び教育事務実践の水準の向上のための国際交流活動をすることができる。	削除

(3) 選挙管理委員会報告及び理事・会長承認（選挙結果名簿）

矢吹選挙管理委員長より、7月14日（土）の第1回選挙管理委員会から10月27日（土）の会長選挙開票までの経過が報告された。選挙書類を再送したこと、開票後3名から辞退があり次点者を含め30名の理事候補者により会長選挙を行ったこと、1回目の投票で過半数をこえる会長候補がでなかったため、上位2名による再度の投票となり、藤原文雄会員が会長候補となったこと、その後1名の理事候補者が健康上の理由により辞退したことが経過報告され、選挙において決定した30名の理事候補者及び会長候補者の提案は承認された。

(4) 会長指名理事承認

藤原新会長より、会長指名理事として、矢吹正徳会員（日本教育新聞社）、松本麻人会員（名古屋大学大学院）、谷口史子会員（延岡市立南中学校）の3名が提案され承認された。

※新理事による理事会開催のため、総会議事は一時中断した。

(5) 新役員等の指名（新役員名簿）

藤原新会長より、理事会にて決定した新役員等の報告があった。

○常任理事：矢吹正徳（事務局長）、坂下充輝（事務局次長）、花岡萬之（渉外担当理事）、久我直人（年報編集委員長）、樋口修資（研究推進委員長）、北詰泰久（研修委員長）、松本麻人（国際交流委員長）、谷口史子（教育委員会・高校・特別支援学校・学校管理職特別委員会）、大天真由美（地域総括理事）

○地域担当理事：一町田昌哉（北海道）、藤田基成（東北）、川崎雅和（関東）、新保房代（中部）、四牟田修三（近畿）、赤松梨江子（中国・四国）、矢島康宏（九州・沖縄）

○事務局：矢吹正徳、坂下充輝、村井浩平、木村拓

(6) 監査委員承認（新役員名簿）

藤原新会長より、理事会にて選出した監査として、藤田正一会員及び関雅美会員の2名が提案され承認された。

(7) 事業計画案・予算案（予算書案資料）

矢吹新事務局長より、新設された委員会の活動や学会の活性化を考えて事業計画を作っていくことが報告された。一般会計予算案及び積立金特別会計予算書案については、前年度比の収入減の内訳は繰越金の減、積立金からの繰入

金の減及び会費収入減の見込み等であること、支出については新委員会への配分等で事務局費及び予備費等が減額となっていることが説明され、予算書は一般会計・特別会計ともに承認された。また、会員からの意見により、年号は西暦表示で統一していくことが確認された。

(8) 各種委員会などの活動方針案（東北地区研究集会チラシ）

　各種委員会等の新役員より、自己紹介があった。大天地域総括理事からは、来年2月24日（日）山形市で行われる東北地区研究集会について参加要請があった。

【その他】

(1) 選挙管理委員長より新会長へ当選証書が授与された後、新会長が挨拶を行った。

(2) 川口次期研究集会実行委員長より、2019年7月13日（土）公立鳥取環境大学にて、次期研究集会を開催することが報告され、北神次期大会実行委員長より、2019年12月国士舘大学にて、次期大会を開催予定であることが報告された。

(3) 昨日の理事会にて決定した学会褒賞の表彰式が行われ、北神前会長より受賞者へ「実践教育賞」の表彰状が授与された。

○対象者：坂下充輝会員（札幌市立北野平小学校）

○対象書籍：『結果を出してやりがいを実感！学校事務職員の仕事術』（明治図書、2018年）

(4) 藤原新会長より、今年度の賛助会員5社の紹介があった。

○プラス株式会社ジョインテックスカンパニー

○学事出版株式会社　○株式会社ぎょうせい

○学校法人タイケン学園　○株式会社ニューメディア研究所シンキング

第6回大会報告

堀井啓幸（大会実行委員会事務局長）

第6回大会は2018年12月1日（土）に常葉大学での開催となった。本学会発足以来、初めて東京以外での開催となり、4月に開校したばかりの本学草薙キャンパスを会員の皆様にお披露目する機会ともなった。

新しい建物にまさに本学会の英知が注ぎ込まれたような大会になったのではないかと総括したい。特に、大会開催前は、静岡県の会員は、本学の会員を含めて数名の状況だったが、当日の参加者139名の内、約40名は静岡県内の教職員の方々が参加してくださり、全国への学術成果の発信だけでなく、静岡県の教育界への発信もできたのではないかと考えている。ご協力してくださった静岡県教育委員会、静岡市教育委員会、浜松市教育委員会、静岡県内の事務職員の先生方に心から感謝申し上げたい。

自由研究発表は2会場で6件と発表数は多くはなかったが、それぞれの発表が充実した先導的な内容であり、両会場とも多くの会員で席が埋められ、活発な質疑応答が展開された。用意された発表資料があっという間になくなってしまい、多くの会員にご不便をおかけしたことを改めてお許しいただきたい。

研究推進委員会は3年目の区切りとしての企画であり、著書も同時出版された。年報編集委員会も3年間の査読を踏まえて、論文作成講座を行った。第2期になるそれぞれの委員会が3年目の節目を迎え、集大成として充実した企画となった。

本学の企画（公開シンポジウム）では、学校事務職員の在り方（「つかさどる」法改正の意味）について再検討した。大会実行委員長でもある本学の窪田眞二会員が司会を務め、紅林伸幸先生（本学教職大学院）から「学校・教師・子どもの在り方を考える―静岡県教員調査から―」、古川治会員（佐賀県学校事務総括推進員）から「教員と事務職員の業務の在り方と役割分担を考える」、藤原文雄会員（国立教育政策研究所）から「教員が子どもの指導に専念できる組織運営とチーム学校」というテーマでご発表いただいた。限られた時間ではあったが、学校が抱える問題を踏まえ、教育行政改革の中で振り回されない確固とした学校事務職員の在り方を再考するきっかけとなるシンポジウムになった。

懇親会では、本学の江藤秀一学長にもご挨拶の機会をいただき、北神正行会長から学会の年報を贈呈いただいた。

学会も新たな会長の下、新たな役員体制においてさらなる発展を遂げるものと期待している。その一つのきっかけとして本学で行われた学会大会が位置づけられたら幸いである。学会本部事務局の皆様をはじめ、大会の開催にあたり、遠路駆けつけお手伝いくださった日本大学の先生方、そして、大会運営を支えてくれた本学学生や本学事務職員の方々、多くの皆様に心より感謝申し上げたい。

第6回研究集会報告

川口有美子 (公立鳥取環境大学)

1. 集会の開催にあたって

これまで研究集会は、神戸（第1、3、4回）や名古屋（第2回）、前回の新潟市（第5回）と、いずれも新幹線の通る交通至便のエリアで開催しておりましたが、そうではない鳥取市にて開催することは、お越しいただく皆様のご不便やご負担を考えると躊躇もいたしました。ですが、これを機会に皆様に「ご来鳥」いただいて、さまざまな角度から地方の現状を見ていただきたいという思いもあり、開催をさせていただくこととなりました。2019年7月13日（土）の集会当日は、公立鳥取環境大学学生センターを会場に、130名ほどの方々の参加があり、大変充実した一日となりました。

開催にあたっては、地元・鳥取県教育委員会や鳥取市内学校関係の皆様の多大なるご協力・ご支援をいただくことができました。ご公務ご多用の中ご無理申し上げましたが、本集会にかける思いに共感いただき、快くお引き受けくださったことに改めて感謝申し上げます。ご依頼申し上げるにあたって、県庁や学校へ複数回伺わせていただいた際も、いつも快くご対応いただき、非力な実行委員長に対し、アイディアをご提案いただくなど、その段階から学ばせていただくことが多くございました。

運営にあたっては、前回集会のノウハウを活用させていただきたいと、鳥取からは遠い新潟県や、また福岡県の方々に実行委員会に加わっていただきました。開催までに2回（2019年2月9日、6月1日）、新潟市にて実行委員会を行いましたが、開催地ではないところでの会議は、やりにくい部分もあったにもかかわらず、新潟の皆様には、さまざまな工夫を凝らしていただき、円滑に充実した会議を行えました。

実行委員会組織は以下の通りでした。

○第6回研究集会（鳥取集会）実行委員会
実行委員長　川口有美子（公立鳥取環境大学）
副委員長　　新保房代（五泉市立五泉小学校）
事務局長　　酒井竜二（長岡市立大島中学校）
事務局員　　岸田拓也（新潟市立西特別支援学校）
　　　　　　松本さつき（芦屋町立芦屋小学校）
　　　　　　深井　敦（長岡市立川口中学校）

実行委員の皆様には、実行委員長の細かな依頼等に対しても、本当によくご対応くださり、感謝してもしきれません。また、時に実行委員長を励ましてくださり、皆様の支えは本当に心強いものでした。また、実行委員会メンバーではなかったものの、web関係等の事務業務を引き受けてくださった八木大樹会員（魚沼市立広神中学校）にも厚く御礼申し上げます。デザインしてくださった領収書も兼ねた素敵な資料封入用封筒は、参加された皆様にとって、よい記念品になったに違いありません。

当日は、こののちご報告する3つのプログラム（研究推進委員会企画、鳥取集会実行委員会

企画、シンポジウム）と情報交換会が行われました。情報交換会にあたっては、大学立地が郊外のため、学会初のチャーターバスにて同会場までご移動していただきました。60名ほどの会となりましたが、親交を深めていただきました。

会場となりました公立鳥取環境大学は、2001年4月に鳥取県・鳥取市による公設民営方式で開学いたしました。2012年4月からは公立化された"若い"大学です。県内に4年制大学は、国公私立各1校の計3校しかございません。そういった中で、全国学会（とりわけ教育学関連の学会）を開催できることは奇跡のようなことであり、地元や地域の皆様にも還元できるものも多くあると確信し、準備を進めてまいりました。新元号になり最初の学会行事である本集会のスローガンは、「新時代をひらく教育事務が始まる」でした。鳥取の地にて、新たな教育事務を始める一歩を踏み出せる集会になったものと信じております。

2. 研究推進委員会企画「学校事務職員の専門性とは何か─学校事務職員の職務の内容と役割をめぐって─」

第3期研究推進委員会企画の第1弾として、以下の報告が行われました。司会は、福嶋尚子委員（千葉工業大学）が務めました。冒頭、「研究推進委員会からの問題提起：学校事務職員の専門性の確立に向けて」として、樋口修資委員長（明星大学）から趣旨説明がありました。その後、「行政からの発表：職務標準表の作成、事務職員育成指標、事務職員研修等の取組について」として、加藤淳也氏（島根県教育センター企画・研修スタッフ企画員）からご報告をいただき、続いて、「学校事務職員からの発表：学校事務職員の資質能力の向上の課題等について」として、徳永元喜委員（北九州市立霧丘中学校）と西山由花子委員（鏡野町立南小学校）から報

告が行われました。そして、最後に、「共同討論：学校事務職員の専門性をめぐって」として、フロアーの皆様との時間を超過するほどの活発な議論が展開されました。

3. 鳥取集会実行委員会企画「鳥取発！中学校区で『つなげる・広げる』共同学校事務室の可能性と課題」

鳥取市立桜ヶ丘中学校区で独自に進められてきた共同学校事務室について、以下の報告が行われました。司会は川口が務め、冒頭、本企画の趣旨を説明いたしました。そして、まず、「共同学校事務室をめぐる鳥取県の状況」として、森田靖彦氏（鳥取県教育委員会事務局次長）からご報告をいただきました。続いて、「共同学校事務室の実現過程」として中宇地昭人氏（前鳥取市立桜ヶ丘中学校長）から、また、「共同学校事務室運営の実際」として森田眞由美氏（前鳥取市立桜ヶ丘中学校事務主幹）からご報告をいただきました。そして、「現在の状況」を音田正顕氏（鳥取市立桜ヶ丘中学校長）と北村かおり氏（鳥取市立桜ヶ丘中学校事務主幹）からご報告をいただきました。司会の不手際でフロアーの皆様との協議が十分にできなかったことは、申し訳なく思っております。

4. シンポジウム「『Society 5.0』の学校づくりと教育事務」

コーディネーターを雲尾周会員（新潟大学）が務め、趣旨説明後、以下の3つのご報告がありました。「県の教育行政としての対応」として足羽英樹氏（鳥取県教育委員会事務局教育次長）、「学校現場におけるこれまでの蓄積と新たな取り組み」として田村穣氏（鳥取市立東中学校長）、「研究者からの提案」として浜田博文会員（筑波大学）でした。大変難しいテーマではありましたが、フロアーの皆様も熱心にご参加くださいました。

日本教育事務学会　会則

（名称）

第1条　本学会は日本教育事務学会（The Japan Association for the study of Educational Business Management）と称する。

（目的）

第2条　本学会は、教育事務に関する研究の発展と情報の交流を図ることを目的とする。

（事業）

第3条　本学会は、前条の目的を達成するために、次の各号に定める事業を行う。

　⑴　年次大会及び研究会・シンポジウムなどの開催

　⑵　年報、広報誌等本学会の目的に資する刊行物の編集・発行

　⑶　本学会活動と関わりのある国内の諸学会及び諸団体との連絡及び連携

　⑷　国外の関係学会・機関・団体等との研究交流

　⑸　その他、前条の目的を達成するために必要な事業

（会員）

第4条　会員は本会の目的に賛同し、教育事務の研究に強い関心を有する者をもって会員とする。

　2　会員は、会員1名の推薦により、常任理事会の承認を得て、所定の会費を納入した者とする。ただし、継続して2年にわたって会費を未納の場合は、除籍とする。除籍者は除籍に至るまでの未納会費を全納することにより再入会の資格を有する。なお、退会を希望する場合、当該年度中に本会事務局に申し出ることとする。

（会員の権利）

第5条　会員は、次の各号に定める権利を有する。

　⑴　会員は本会が主催する大会及び研究会・シンポジウムへ参加することができる。

　⑵　会員は総会に出席して意見を述べ、議決に参加することができる。

　⑶　会員は大会において研究発表をすることができる。

　⑷　会員は年報へ投稿することができる。

　2　会員が次の各号の一に該当するときは、会員の資格を停止される。資格停止については、理事会で決定し、総会の承認を得るものとする。

　⑴　本学会の名誉を傷つけ、または本学会の目的に反する行為があったとき。

　⑵　本学会の会員としての義務に違反したとき。

（役員）

第6条　本会に次の役員を置くこととする。

　⑴　会長　　　　　　　1名

　⑵　理事　　　　　　　若干名

　⑶　地域担当理事　　　若干名

　⑷　常任理事　　　　　若干名

　⑸　事務局長　　　　　1名

　⑹　監査　　　　　　　2名

　2　会長は、本会を代表し会務を総括し、理事会を主催する。

　3　理事は、本会の運営に当たる。

　4　地域担当理事は、地域の学会活動の発展をはかる。

　5　常任理事は、会務の執行に当たる。

6　事務局長は、会務を処理する。

　　7　監査は、本会の会計を監査する。

（役員の選出）

第7条　理事は会員のうちから選出する。理事選出に関する事項は理事会が定める規程による。また、会長指名の理事を数名選出することができるものとする。

　　2　理事は、互選によって会長1名を選出し、総会の承認を得るものとする。

　　3　理事に欠員が生じたときは、次点者をもって補うものとする。

　　4　地域担当理事は、会長が理事のうちから指名する。

　　5　常任理事は、会長が理事のうちから指名し、理事会の承認を得るものとする。

　　6　事務局長は、会長が理事のうちから指名する。

　　7　監査は理事会が総会の承認を得て委嘱するものとする。

（役員の任期）

第8条　役員の任期は3年とする。ただし、会長の任期は2期にわたらないものとする。

　　2　補欠の役員の任期は、前任者の残任期間とする。

（名誉会員）

第9条　本会に名誉会員を置くことができる。

　　2　理事会は、教育事務研究等における優れた研究実績、本学会への優れた貢献実績を有する者を名誉会員として推薦し、総会の承認を得るものとする。

　　3　名誉会員は会費を負担しない。

　　4　名誉会員は役員の選挙権と被選挙権及び総会における議決権を持たない。

（賛助会員）

第10条　本会に賛助会員を置くことができる。

　　2　常任理事会は、本会の事業に財政的援助をなした者について賛助会員として認めることができる。

　　3　賛助会員の会費は一口2万円とする。

　　4　賛助会員は役員の選挙権と被選挙権及び総会における議決権を持たない。

（機関）

第11条　本会に次の機関を置き、会長がこれを招集する。

　　⑴　総会

　　⑵　理事会

　　⑶　常任理事会

（各種委員会）

第12条　本会に年報編集委員会、研究推進委員会、研修委員会及び国際交流委員会を置く。

　　2　委員長は、会長が理事のうちから指名し、理事会の承認を得る。委員は理事が会員のうちから推薦し、被推薦者のうちから、会長が委員長と協議して委嘱する。

　　3　委員会の組織、他の委員会に関する事項は、理事会が定める規程による。

　　4　本会には総会の決定により臨時に特別委員会を設けることができる。

（総会）

第13条　総会は会員をもって構成し、本学会の組織及び運営に関する重要事項を審議決定する。

　　2　総会は本会の最高議決機関であって、毎年1回、会長によって招集される。総会は次の各号に定める議題を審議決定する。

⑴　事業報告及び収支決算報告の承認

⑵　事業計画及び予算の承認

⑶　第7条第2項及び同条第7項によって選出された会長、監査および理事の承認

⑷　その他、本学会の事業に関する件

3　会長は、理事会が必要と認めたとき、臨時の総会を招集することができる。

4　総会の成立は、出席者数と委任状提出者数の合計数が会員数の2分の1を超えていることを要件とする。

5　総会の議事は、出席者の過半数の賛成をもって決する。

6　総会が成立要件を満たさなかった場合は、「未成立の総会」の議決事項を会員に通知し、それに対して過半数の会員から反対意見が寄せられなかった時にはそれを総会の議決事項とみなすものとする。

（経費及び会計年度）

第14条　本会の経費は会費、事業収入、寄付金、その他の収入をもってこれに充てる。

2　年会費は5千円とする。

3　本学会の会計年度は、毎年11月1日に始まり、翌年10月31日に終わる。

（学会褒賞制度）

第15条　会員の研究の活性化と奨励を期して学会褒賞制度を設ける。学会褒賞制度に関する事項は、理事会が定める規定による。

（事務局）

第16条　本学会の事務を遂行するため、事務局を置く。

2　本学会の事務局は、事務局長1名及び事務局員若干名で構成する。

3　事務局員は、会員の中から、会長が常任理事会の承認を得て委嘱する。

（会則の改正）

第17条　本会則の改正は、総会の議決による。

附則

本会則は設立総会で承認された直後から施行する。

2014年12月6日　一部改正

2015年12月5日　一部改正

2　本会の設立当初の役員は、第7条の規定にかかわらず設立総会において選出される。また、その任期は第8条の規定にかかわらず2年とする。

3　2015年度の会計年度は、第14条の規定にかかわらず12月1日に始まるものとする。

日本教育事務学会　役員選出規程

（目的）

第1条　本規程は、日本教育事務学会会則（以下、本則という）第6条～第8条の規定に基づき、本学会役員の選出を円滑かつ公正に行うことを目的として制定する。

（選挙人及び被選挙人）

第2条　役員の選挙人、被選挙人は、会員であることを資格要件とする。ただし、前年度の年会費を納入していない者はその資格を失う。

（名簿の作成）

第3条　選挙管理委員会は、第2条（選挙人及び被選挙人）に基づき、次期役員の選挙にかかわる選挙人及び被選挙人を確定し、被選挙人名簿を作成する。

（選挙の公示）

第4条　選挙管理委員会は、役員の任期満了3ヶ月以前に、被選挙人名簿及び選挙管理委員会印を捺した投票用紙を全選挙人に同時に発送し、投票を求める。この発送日を以て選挙公示日とする。

（理事の定数）

第5条　理事定数は、原則30人とする。加えて会長指名理事若干名とする。

　　2　理事は候補者を地区別に会員の投票によって選出する。

　　3　地区は、以下の6地区に分ける。その際、地区は、本務勤務地（学生会員は在籍大学の所在地）とする。勤務先のない会員は居住地とする。海外在住会員の地区は、本人の希望申請にもとづくものとするが、本人からの連絡がないときは事務局所在地の地区に所属するものとする。

　　　1．北海道・東北　2．関東　3．中部　4．近畿　5．中国・四国　6．九州・沖縄

　　　*なお、各地区の理事定数については、会員数に比例して配分するものとする。

　　4　投票は6名連記とし、うち2名は自地区（勤務先の属する地区。勤務先がない場合には居住地の属する地区）から、他4名は自地区を含むすべての地区から選挙する。

　　5　理事に欠員が生じた場合は、次点者をもって補い、その任期は前任者の残任期間とする。

（選挙結果の告知と承認）

第6条　選挙結果については全会員に通知するものとする。

（選挙管理委員会）

第7条　会長および理事の選挙に関する事務は、選挙管理委員会が管理し、学会事務局がこれを補佐する。

　　2　選挙管理委員会は、常任理事会が承認し会長が委嘱し、委員の互選により委員長を決定する。

（本規程の改正）

第8条　本規程の改正は、本則第17条に定める改正手続きに準じるものとする。

附則　　本規程は2013年12月8日から施行する。

日本教育事務学会　年報編集委員会規程

（所掌事務）

第1条　日本教育事務学会年報編集委員会は、本則第12条にもとづき、学会誌「日本教育事務学会年報」（以下、年報という）の編集及び発行に関する事務を行う。

（委員会の組織）

第2条　委員会に、委員長を置く。委員長は委員会を主宰する。

　　2　委員会に、副委員長を2名置く。副委員長は、委員の中から委員長が会長と協議をして指名する。

　　3　委員の定数は10名程度とする。

　　4　委員長、副委員長及び編集委員は、編集委員会を構成し、常時、編集実務に当たる。

（委員の任期）

第3条　委員の任期は3年とし、交替時期は毎年の総会時とする。

（会議の開催）

第4条　委員会は、毎年1回以上会議を開き、編集方針その他について協議するものとする。

（委員会事務局）

第5条　年報編集業務を処理するために、年報委員会事務局を組織し、委員長がそこに事務局員を置く。事務局員は、編集に関する事務を処理する。

　2　編集及び頒布にかかわる会計は、委員会事務局において処理し、理事会及び総会の承認を求めるものとする。

（編集）

第6条　以下の通り、編集を行うものとする。

⑴　年報は、日本教育事務学会の機関誌であり、原則として年1回発行する。

⑵　年報は、本学会員の未公刊の研究論文、評論、書評、資料、学会記事、その他の会員の研究活動に関する記事を編集・掲載する。

⑶　委員会は投稿・執筆要領を定めるものとする。年報の各年度の編集方針は、編集委員会が合議で定める。

⑷　年報に論文等を投稿しようとする会員は、投稿・執筆要領に従い、その年度の編集委員会事務局に送付するものとする。

⑸　投稿原稿の採否は編集委員会の合議で決定する。その場合、編集委員会以外の会員に論文の審査を依頼することができる。

⑹　掲載予定原稿について、編集委員会は若干の変更を行うことができる。ただし内容の変更の場合は執筆者との協議による。

⑺　写真・図版等での特定の費用を要する場合、執筆者の負担とすることがある。

（本規程の改正）

第7条　本規程の改正は理事会の議決による。

附則

　　　　　　この規程は2013年12月8日から施行する。

　2　本会の設立当初の委員長及び委員は、第3条の規定にかかわらずその任期は2年とする。

日本教育事務学会　研究推進委員会規程

（所掌事務）

第1条　本則第12条に基づき、本会における研究活動を推進し、教育事務に関する研究と実践の発展と普及に寄与するため、研究推進委員会を設ける。

（委員会の組織）

第2条　委員会に、委員長を置く。委員長は研究推進委員会を主宰する。

　2　委員会に、副委員長を2名置く。副委員長は、委員の中から委員長が会長と協議をして指名する。

　3　委員の定数は10名程度とする。

　4　委員長、副委員長及び研究推進委員は、研究推進委員会を構成し、常時、研究活動に当た

る。

（委員の任期）

第3条　委員の任期は3年とし、交替時期は毎年の総会時とする。

（会議の開催）

第4条　委員会は、毎年1回以上会議を開き、研究活動方針その他について協議するものとする。

（委員会事務局）

第5条　研究推進及び実践業務を処理するために、研究推進委員会事務局を組織し、委員長がそこに事務局員を置く。事務局員は、研究推進及び実践に関する事務を処理する。

　　2　研究推進等にかかわる会計は、委員会事務局において処理し、理事会及び総会の承認を求めるものとする。

（本規程の改正）

第6条　本規程の改正は理事会の議決による。

附則

　　　　この規程は2013年12月8日から施行する。

　　2　本会の設立当初の委員長及び委員は、第3条の規定にかかわらずその任期は2年とする。

日本教育事務学会　Webサイト管理規程

（開設）

第1条　日本教育事務学会は、インターネット上にWebサイトを開設する。

（掲載項目）

第2条　学会Webサイトは、以下の項目を掲載する。

　(1)　学会の目的・沿革

　(2)　入会案内と手続き

　(3)　学会役員名簿

　(4)　学会年報目次

　(5)　学会広報等

　(6)　年次大会プログラム

　(7)　その他、会員への情報

（管理・編集・更新）

第3条　学会Webサイトの管理・編集およびデータの更新は、事務局がこれを行う。上記の項目の変更については、理事会の承認を得るものとする。

（要望・提案）

第4条　学会Webサイトに掲載する記事に関する要望・提案は、研究推進委員会に提出することができる。

（本規則の改正）

第5条　本規程の改正は理事会の議決による。

附則　　本規程は2013年12月8日から施行する。

日本教育事務学会　褒賞規程

（所掌事務）

第1条　会則第15条に基づき、本会における会員の研究の活性化と奨励を期して学会褒賞制度を設ける。

（賞の種類）

第2条　賞は、以下の種類とする。

　⑴　功労賞

　⑵　学術研究賞

　⑶　実践研究賞

　⑷　国際貢献賞

　⑸　研究奨励賞

（功労賞）

第3条　功労賞は、本学会の発展に大きく貢献した会員に授与され、その選考は、理事会が行う。

（学術研究賞）

第4条　学術研究賞は、著しく優秀な学術図書を発表した者に授与され、その選考は、研究推進委員会が行い、理事会の承認を得るものとする。

（実践研究賞）

第5条　実践研究賞は、著しく優秀な実践的研究を発表した者に授与され、その選考は、研究推進委員会が行い、理事会の承認を得るものとする。

（国際貢献賞）

第6条　国際貢献賞は、教育事務の研究と実践の発展に関して国際的に著しく貢献した者に授与され、その選考は、研究推進委員会が行い、理事会の承認を得るものとする。

（研究奨励賞）

第7条　研究奨励賞は、若手会員による優秀な学術図書又は実践的研究を発表した者に授与され、その選考は、研究推進委員会が行い、理事会の承認を得るものとする。

（表彰）

第8条　第2条にもとづく賞への該当者には、年次大会の際、表彰状を付与する。

（本規程の改正）

第9条　本規程の改正は理事会の議決による。

附則　　この規程は2013年12月8日から施行する。

編 集 後 記

　会員の皆様におかれましては、平時年報編集委員会にご協力を賜わりまして御礼申し上げます。またこのたびの台風等の被害に際し、心よりお見舞いを申し上げます。一日も早い復旧を年報編集委員一同お祈り申し上げます。

　日本教育事務学会第3期年報編集委員会（委員長：久我直人）が発足し、『日本教育事務学会年報』第6号を刊行いたします。第3期年報編集委員会では、年報を本学会の学術交流の場としてより活性化できますよう議論と作業を重ね、ここに『日本教育事務学会年報』第6号を刊行でき、委員一同安堵しております。

　本号ではまず2018年12月の日本教育事務学会第6回大会（常葉大学草薙キャンパス大会）で行われた公開シンポジウム、研究推進委員会企画の話題提供者の先生方の論稿が掲載されています。後者の研究推進委員会企画に関しましては、学事出版より『チーム学校の発展方策と地域ユニット化への戦略』として2018年に刊行されております。これらの論稿、著書を組み合わせてご覧いただけますと、今後の学校のあり方と教育事務を考える複数の示唆を得ることができると委員会では考えております。

　また自由研究論文合計7本（「研究論文」3本、「研究ノート」2本、「実践レポート」2本）の投稿があり、編集委員会での査読および協議等を経て、「研究論文」1本、「実践レポート」1本を掲載することができました。査読過程では投稿いただいた会員の方や、査読者の会員の方に短期間での対応をお願いし、ご負担をおかけしました。次年度には、査読期間にゆとりを持たせるよう改善していきます。今回採択に至らなかった自由研究論文は、いずれも再度投稿を期待したいテーマを取りあげた内容でしたので、ぜひ今後修正の上で再投稿をお願いできればと思います。

　今後も本学会の発展に年報編集を通して努めてまいりますので、会員の皆様の研究、実践のご発展を祈念するとともに、継続して本委員会へのご協力もお願いできれば幸いです。よろしくお願いいたします。

〈第3期年報編集委員会〉　◎委員長　○副委員長
◎久我直人（鳴門教育大学）　○田中　謙（日本大学）　栁澤靖明（埼玉県川口市立小谷場中学校）
木村　拓（学事出版株式会社）　吉村由己（愛媛県愛南町立平城小学校）
岡村　剛（宮城県松島町立松島中学校）　酒井竜二（新潟県長岡市立大島中学校）
大道正信（宮崎県日南市立大堂津小学校）　高木　亮（就実大学）
堀井啓幸（常葉大学、アドバイザー）

【田中　謙】

＜日本教育事務学会年報・第6号＞

2019年12月14日発行

編　集　日本教育事務学会年報編集委員会

発行者　日本教育事務学会

学会事務局　〒108-8638　東京都港区白金台3-2-10白金台ビル2階（日本教育新聞社内）
　　　　　　E-mail：jasebm＠jasebm.com
　　　　　　HP：http://jasebm.com/
　　　　　　Facebook：https://www.facebook.com/jebm.org

発行所　学事出版株式会社
　　　　〒101-0021　東京都千代田区外神田2-2-3
　　　　☎03-3255-5471　FAX 03-5256-0538　http://www.gakuji.co.jp